*¿Conoce usted a su*
# *Esposo?*

# ¿Conoce usted a su Esposo?

## DAVID HORMACHEA

CLC CENTRO DE LITERATURA CRISTIANA

**CENTRO DE LITERATURA CRISTIANA**
en países de habla hispana

| | |
|---|---|
| Bolivia | Calle Manuel Ignacio Salvatierra N° 190<br>Santa Cruz<br>gamaliel.padilla@clcbolivia.com<br>Bolivia |
| Colombia: | Centro de Literatura Cristiana<br>ventasint@clccolombia.com<br>editorial@clccolombia.com<br>Bogotá, D.C. |
| Chile: | Cruzada de Literatura Cristiana<br>santiago@clcchile.com<br>Santiago de Chile |
| Ecuador: | Centro de Literatura Cristiana<br>ventasbodega@clcecuador.com<br>Quito |
| España: | Centro de Literatura Cristiana<br>madrid@clclibros.org<br>Madrid |
| México: | www.clcmexicodistribuciones.com<br>ventasint@clccolombia.com<br>editorial@clccolombia.com |
| Panamá: | Centro de Literatura Cristiana<br>clcmchen@cwpanama.net<br>Panamá |
| Uruguay: | Centro de Literatura Cristiana<br>libros@clcuruguay.com<br>Montevideo |
| USA: | CLC Ministries International<br>churd@clcpublications.com<br>Fort Washington, PA |
| Venezuela: | Centro de Literatura Cristiana<br>distribucion@clcvenezuela.com<br>Valencia |

**EDITORIAL CLC**
Diagonal 61D Bis No. 24-50
Bogotá, D.C., Colombia
editorial@clccolombia.com
www.clccolombia.com

**ISBN**: 958-8217-30-X

¿Conoce usted a su Esposo? por **David Hormachea**

Copyright © 2006. Todos los derechos reservados de esta edición por David Hormachea. Esta co-edición es publicada y distribuida bajo convenio especial con David Hormachea por Centro de Literatura Cristiana. Prohibida la reproducción total o parcial por sistemas, impresión, audiovisuales, grabaciones o cualquier medio, sin permiso de la casa editora.

A menos que se indique lo contrario, las citas bíblicas son tomadas y traducidas de la Santa Biblia Versión Reina Valera 1960 © por las Sociedades Bíblicas Unidas.

Edición y Diseño Técnico: Editorial CLC

Impreso en Colombia — Printed in Colombia

**Somos miembros de la Red Letra Viva: www.letraviva.com**

# ...CONTENIDO...

Dedicatoria .................................................................... 7

Introducción ................................................................... 9

**CAPÍTULO 1**
Conozca la necesidad de unidad con una persona diferente ........................................................................ 15

**CAPÍTULO 2**
Conozca de un hombre el mundo del hombre ............. 39

**CAPÍTULO 3**
Conozca los obstáculos que debe sortear para poder relacionarse ........................................................................ 51

**CAPÍTULO 4**
Conozca cuán diferente es su esposo ............................. 69

**CAPÍTULO 5**
Conozca cómo llegar al corazón del hombre ................ 85

**CAPÍTULO 6**
Conozca cómo ser la mujer que Dios quiere que sea .... 107

**CAPÍTULO 7**
Conozca la gracia, al contribuir para que su esposo sea como Dios lo quiere ........................................................ 149

**CAPÍTULO 8**
Conozca una extraordinaria orden divina:
"Y que la esposa respete a su esposo" .................................... 167

**CAPÍTULO 9**
Conozca cómo motivar el cambio de su esposo ............ 183

Conclusión .......................................................................... 201

... DEDICATORIA ...

Dedicado a Carolina y Rafael Flórez y a sus hijitos Pablo David y Estefanía, queridos amigos que han amado a Dios, a nosotros y a su Colombia querida. Ellos han invertido en el reino de Dios y realizado un aporte incalculable a la gente de su nación, al patrocinar en estaciones de radio locales, el programa de radio Visión para Vivir. Ellos han permitido que las enseñanzas que Dios nos dio, al Pastor Charles Swindoll y a mí, sean escuchadas por millones de colombianos durante algunos años.

Estoy seguro que Colombia tiene más paz, que la iglesia colombiana conoce más de la profunda y practica Palabra inerrante y que las familias son mejores, porque estos generosos siervos de Dios han decidido invertir en el reino del Dios y responder con gratitud a Aquel que nos ha dado todas las cosas, el proveedor de todos los recursos y el origen y dador de todo don perfecto.

Queridos Carolina y Rafael, gracias por permitirme ingresar diariamente, no sólo a los hogares de millones de colombianos, sino al corazón de una nación que amo tal como ellos me aman, porque he conocido miles de colombianos en mis conferencias, he recibido cientos de cartas y nunca he encontrado a uno que no me ame. Carolina, y todas mis lectoras, este libro lleva malas y buenas noticias.

La mala noticia es que todas ustedes están encerradas, no tienen otra opción, tienen que amar a sus maridos independientemente de cómo ellos sean. Es mala noticia porque no sabemos amar y el secreto se encuentra en aprender a hacerlo no como nosotros queremos, porque es imperfecto y destructivo, sino como Dios ordena porque es perfecto y constructivo.

La buena noticia es que el Dios que las encierra es el mismo que ha provisto del amor para que puedan hacerlo y cuando lo hagan, independientemente como reaccionen sus maridos, ustedes serán bendecidas, no por someterse con imprudencia, sino porque amaron con discernimiento y vivieron en obediencia.

Si usted es una esposa que desea mejorar su relación conyugal, regálele a su esposo el hermano gemelo de este libro: *¿Conoce usted a su Esposa?* y comprométanse a leerlos juntos, les aseguro que estudiando con el deseo de aprender, y aprendiendo con la determinación a practicar, su relación conyugal seguramente va a cambiar. Que estos sencillos consejos les ayuden a saber amar al esposo que eligió cómo Dios ordenó.

… INTRODUCCIÓN …

Tengo que admitir que una de las actividades que más disfruto es escribir. Recientemente cuando me pidieron que escribiera algo sobre la vida del hombre, pensé inmediatamente en que esta sería una hermosa tarea que requiere una mezcla de sencillez, realidad y honestidad. Digo sencillez porque no quiero escribir nada técnico, sino algo con lo que cualquier lector pueda identificarse.

Menciono realidad porque tengo que hablar de lo que es un hombre en la vida real, en palabras sencillas tengo que hablar de lo que soy yo. Se requiere honestidad porque al hablar sobre los hombres, y sobre mí específicamente, tengo que mostrarme abierto y vulnerable. No quiero escribir cosas imaginarias, no deseo exagerar las virtudes, ni quiero esconder el lado oscuro que tenemos todos los hombres. En palabras sencillas, quiero transmitir lo que realmente somos de acuerdo a mi experiencia personal.

Me he dado cuenta que ser abierto y mostrarse vulnerable no es una tarea muy fácil para la mayoría de los hombres, especialmente para quienes ocupamos posiciones de liderazgo o somos personajes públicos. A través de los años hemos creído una idea errónea, al pensar que ser vulnerables puede ser un bumerán, y por ello evitamos hacer declaraciones que revelen nuestras debilidades, pues después pueden ser usadas por otras personas para atacarnos. Este temor lo han compartido conmigo muchos hombres y me han dado sus razones para evitar admitir sus debilidades.

Muchos han aceptado que incluso le es difícil reconocer sus temores, fallas y pecados delante de sus esposas pues ellas tienen la tendencia a recordar la información por mucho tiempo y usar ese conocimiento para atacar, especialmente en los momentos de conflicto. Sin embargo, mientras más analizo las enseñanzas de la Biblia, me doy cuenta de la increíble honestidad y sinceridad que existe en los escritores bíblicos que fueron movidos por el Espíritu Santo para escribir cosas sencillas, reales y practicas. Aunque seguramente mi libro será leído por muchos hombres, mi principal objetivo es dirigirme a las mujeres y quisiera hacerlo de la manera más cercana y personal posible. Quiero que su mensaje sea visto como la conversación sincera, honesta, sencilla y practica, de un hombre con una mujer.

Mi intención al escribir este libro es destruir algunos conceptos erróneos con respecto a la vida varonil, hablar con honestidad de lo que vivimos y experimentamos, y dar algunas sugerencias sobre como relacionarse con sabiduría con este raro y extraordinario espécimen llamado hombre. Le sugiero que durante el tiempo que ocupará en su lectura, deje a un lado sus prejuicios y haga un serio esfuerzo para estudiar sobre una criatura difícil que nunca ha conocido profundamente. No es fácil tratar de comprender a alguien que ya creemos conocer.

Muchas mujeres leerán este libro prejuiciadas pues creen conocer a sus esposos y les será difícil entender la realidad de la vida de un hombre. Mi labor es mostrarle con honestidad como somos los hombres en realidad.

Algunas me han compartido la pérdida de esperanza para cambiar a sus esposos y mi primera respuesta es: *"Que bueno que perdiste la ilusión de cambiar a tu esposo, pues tú, ni nadie puede cambiar a otra persona".*

Esa es la verdad querida amiga, usted no puede cambiar a su marido. Por otra parte, no quiero que pierda la esperanza de aprender a vivir sabiamente con alguien que es un ser humano pecador igual que usted y que la única esperanza de cambio que tiene es ser influenciado por una persona amorosa, firme, compasiva, confrontadora, respetuosa, pero correcta. Esa persona es la mujer que Dios le designó para amarlo a pesar de las diferencias que tiene.

Desafortunadamente muchos hombres no han recibido instrucción sabia sobre como amar a una mujer tan diferente y muchos no saben lo que significa ser un hombre conforme al corazón de su creador. Su cónyuge no es la excepción. Por eso quiero que inicie esta lectura con una actitud comprensiva. Seguramente su esposo es parte de la mayoría que no fueron formados para ser buenos maridos. Recuerde que la mayoría de nuestros padres y abuelos no recibieron instrucción sabia y bíblica para ser esposos, amantes y padres cariñosos y no pudieron dar lo que no tenían.

Usted sabe que no tenemos la costumbre de formar a nuestros hijos para que sean esposos conforme a la enseñanza bíblica. He leído sermones de grandes hombres que fueron pilares de la iglesia y encontré muy poca y elemental enseñanza sobre la vida familiar. Sin embargo, me alegra que en la Biblia exista suficiente instrucción para que podamos elegir y tener una familia como Dios la diseñó.

Por otra parte, muchas mujeres me han compartido su frustración pues sus maridos cristianos asisten a congregaciones y reciben instrucción bíblica, pero no siempre se comportan como cristianos. Por ello he tenido que realizar algunas preguntas para que esas mujeres se den cuenta que no son tan diferentes a sus maridos. Les he preguntado: ¿has leído con regularidad tu Biblia? ¿Sabes cuáles son tus responsabilidades como esposa? ¿Has escuchado enseñanzas con respecto a cómo ser una mujer conforme al diseño divino? La respuesta de todas es que sí han recibido instrucción y conocen bastante acerca de sus responsabilidades.

Sin embargo, cuando pregunto: ¿estás cumpliendo lo que la Biblia enseña y eres una mujer como Dios y tu marido esperan? La respuesta siempre es un sincero "no". Esa es la realidad. No sólo las mujeres se frustran porque sus maridos a pesar de ser cristianos y recibir instrucción no son lo que deben ser, también los hombres nos sentimos impotentes porque nuestras esposas también asisten a una congregación, reciben enseñanza y no viven estos principios.

Hombres y mujeres tendemos a hacer las cosas a nuestra manera, nos cuesta y somos resistentes a ser lo que Dios quiere que seamos; por esa rebeldía y la tendencia egoísta de actuar como deseamos, creamos conflictos y lentamente nos herimos y nos separamos.

Me alegra que haya elegido este libro pues irá entendiendo lo que necesita para cuidar su vida, actuar responsable y sabiamente y como resultado vivirá con paz. Eso es real. Por actuar correctamente usted experimentará una verdadera paz y a la vez, ofrecerá una gran oportunidad de aprendizaje a su esposo, sea que él elija aprender o no.

Algo que no me canso de enseñar, repetir en mis conferencias y escribir en mis libros, es que la paz que la persona experimenta no es producto de la buena disposición de los que le rodean, sino de su conducta sabia, respetuosa, bíblica y equilibrada, a pesar de los malos actos de los demás.

Lea con atención, con una buena actitud y grandes deseos de aprender a vivir. Subraye, vuelva a leer, tome notas y determine que cambiará sus palabras, actitudes y comportamientos erróneos pues este libro no es una guía para que al conocer a su esposo tenga la meta de cambiarlo, sino que al comprenderlo sea usted sabia y determine cambiar.

Al elegir este libro, usted adquirió un amigo y quiero ser de los buenos amigos, porque uno verdadero no le dirá lo que quiere escuchar, sino lo que es correcto, sea que a usted le guste o no lo que debo decirle. Puede estar segura que he investigado profundamente y entiendo que así como Dios demanda que el esposo ame a su cónyuge, también encarga que la mujer respete a su marido. Si su esposo aprendió a amarla a usted al leer mi libro ***¿Conoce usted a su Esposa?*** Espero que usted también aprenda a respetar a su marido al leer ***¿Conoce usted a su Esposo?***

*"Estoy seguro al estudiar estas enseñanzas sinceras sobre la vida del hombre, su vida será impactada, siempre y cuando elija leer, evaluar y cambiar con la actitud apropiada".*

## ...CAPÍTULO 1...

*"Dios no se equivocó al crear al hombre y la mujer tan diferentes. Nosotros somos los que nos equivocamos cuando en vez de disfrutar las diferencias y relacionarnos sabiamente, intentamos cambiar a nuestro cónyuge y actuamos egoísta y orgullosamente".*

# 1
# Conozca la necesidad de unidad con una persona diferente

La unión de un hombre y una mujer es la más íntima y cercana que existe en las relaciones interpersonales. Disfrutar de intimidad en la relación conyugal, es una de las experiencias más hermosas porque así fue diseñada por Dios. Él nos creó para que tengamos relaciones saludables, nos diseñó para el Edén, nos formó para vivir en un mundo excelente y para ser perfectos, aunque después, debido al pecado no estemos capacitados para tener ese tipo de relación. Ahora por vivir en un mundo defectuoso, tratar con otros seres humanos afectados y ser imperfectos tenemos la inmensa responsabilidad de relacionarnos bien con un Dios perfecto, obedecer sus mandamientos y vivir con sus valores para así poder aceptar, perdonar y saber lidiar con el mundo de maldad. Nuestra naturaleza pecaminosa nos juega una mala pasada, pero no sólo a los hombres, sino también a las mujeres.

Cuando el marido y la mujer se unen, tienen la gran responsabilidad de mezclar dos mundos totalmente diferentes. Por ello, la relación matrimonial no es fácil ni sencilla, pero es posible manejarla con excelencia y mantenerla en estado saludable, si aprendemos a vivir con las inevitables diferencias.

La verdad es que Dios no espera que tengamos siempre unanimidad en las decisiones de la vida conyugal, Él sabe que somos diferentes y nos creó distintos. Tampoco espera, y nosotros cometemos un grave error al querer tener uniformidad en nuestros mundos tan distintos. Él anhela que tengamos unidad y mediante ella aprendamos a cambiar las cosas que deben modificarse pues si las mantenemos herirían y finalmente destruirían la relación conyugal. Dios demanda que marido y mujer tengan unidad, manteniendo las diferencias que son imprescindibles para ayudarse mutuamente y desarrollar la relación matrimonial en un ambiente de apoyo mutuo. Si usted es una mujer casada, independientemente de cuantos años de matrimonio tiene, seguramente ya se ha dado cuenta que su esposo es tan diferente que no es nada fácil relacionarse con él y por momentos siente que está interactuando con un perfecto extraño.

No es fácil relacionarse íntimamente con el varón a pesar de que haya tenido la oportunidad de conocer algo de la vida de por lo menos uno. Tal vez el primer hombre con quien se relacionó fue su padre, algún hermano o su esposo. Margarita me compartía lo difícil que era relacionarse con su cónyuge pues era la primera vez que tenía la oportunidad de hacerlo regularmente con un varón. El padre abandonó a su madre cuando era una adolescente en estado de embarazo, e hija única. Su primera relación cercana con un hombre fue un noviazgo de tres meses y luego el vínculo matrimonial. Éste era muy destructivo y por no haber tenido otra experiencia ni enseñanza sabia a su disposición, Margarita creía que era normal el trato abusivo que su esposo le daba. Para ella no sólo era difícil, sino imposible mantener una relación constructiva.

He notado que muchas mujeres, al que menos conocen es a su marido y viven sorprendidas de las diferencias. Por supuesto, la opinión que tienen de los hombres está directamente asociada con la relación que han tenido con ellos. Algunas viven un mundo dividido pues mantienen el recuerdo de una hermosa etapa con sus padres y el desafío de manejar una unión conflictiva con su esposo. Otras disfrutan de una relación amorosa que es la continuación de la edificante que tuvieron con su papá, y otras no sólo experimentaron una convivencia destructiva con sus padres, sino que hoy viven la repetición de un martirio que parece no tener final.

*"Fuimos creados por un Dios perfecto, para ser a su imagen, y para vivir en un mundo excelente, pero el pecado trajo la imperfección y ahora por vivir en un mundo defectuoso, tratar con otros seres humanos afectados y ser imperfectos tenemos la inmensa responsabilidad de relacionarnos bien con un Dios perfecto, obedecer sus mandamientos y vivir con sus valores para así poder aceptar, perdonar y saber lidiar con el mundo de maldad que nos rodea".*

## El mundo difícil y extraordinario de la mujer

En mi libro *¿Conoce usted a su Esposa?*, explico a los hombres con muchos detalles el extraordinario mundo de la mujer. Realmente Dios hizo un trabajo magistral al crear un ser humano con quien es hermoso relacionarse. Conocer su ternura, ser objeto de su cariño y don de servicio, disfrutar de tiernas y constructivas relaciones sexuales con la esposa, es extraordinario. Estoy convencido que la creación de la mujer fue una de las obras maestras divinas. Sin embargo, también pertenecen a la raza humana y cometen terribles errores al relacionarse con un hombre que es otra de las obras maestras de la creación divina, con serios defectos, producto de su naturaleza.

## El mundo de la mujer: creación extraordinaria

Las mujeres viven un mundo de gran empatía, de preocupación constante por sus seres queridos y entre ellas es muy fácil identificarse y comprenderse. Como madres, por su especial sentido de maternidad, tienen la extraordinaria capacidad de comprender a sus hijos y una excelente habilidad de acceder a su mundo, el de sus amigas, y el de otras madres, pues como mujeres viven experiencias únicas, pero a la vez muy parecidas. Las mujeres pueden llorar juntas mientras exponen abiertamente sus problemas, se reúnen en los restaurantes de la ciudad a tomar un alimento, y comparten sus dolores y tristezas en los encuentros de damas, grupos de hogar o las reuniones de oración.

Tienen un extraordinario amor por las cosas que poseen y desarrollan un sentido de pertenencia increíble. Con gran facilidad hacen nido y se aferran a sus relaciones. Sienten que pertenecen a su casa, siguen preocupándose por detalles de la vida de los hijos que ama, aunque sean adultos, estén casados y ya tengan no sólo cónyuge sino también algunos hijos. Por ese alto sentido de pertenencia, generalmente para muchas mujeres, es difícil moverse de lugar, de trabajo, de casa, ciudad y país.

Por su gran sentido maternal pueden estar muy preocupadas de las personas más débiles, debido a su inclinación por la belleza, les encanta adornar con gusto y pueden pasar gran parte del día arreglando sus casas, mirándose en el espejo y tratando de lucir lo mejor cada vez que tienen que salir a algún lugar. Por su tendencia a preocuparse de los detalles, recuerdan cosas que nosotros con facilidad olvidamos y en sus conversaciones recuerdan y les importan tantas cosas, que se vuelven monólogos largos, a veces repetitivos y con una multitud de detalles que a muchos hombres no interesan. Debido a su delicadeza, existe una gran ternura entre ellas. Generalmente anhelan recibir el cariño y la ternura que acostumbran a prodigar. Como resultado de su sentido familiar y el relacionarse con otros, ellas no tienen mayor interés en los acontecimientos mundiales, sino en las situaciones personales y desean recibir la atención íntima que tanto les agrada.

Sus conversaciones generalmente no se enfocan en lo que ocurre en el mundo o la situación de la economía mundial, sino en torno a la vida personal, o las circunstancias que atraviesan otras personas o miembros de su familia. Al ser más sensibles y más enfocadas en la vida de las personas, tienden a ser más críticas, son más afectadas por los problemas con miembros de la familia generando más atención en ellos. Aunque están interesadas en grandes proyectos, responden automáticamente a una de sus más grandes necesidades que es la relación interpersonal saludable con los seres que ama.

He descrito de la manera más sencilla los puntos fuertes de la vida de la mujer. Son una muestra de su gran ternura, preocupación, sensibilidad, servicio, laboriosidad, vulnerabilidad, sinceridad y enfoque en las relaciones familiares. Sin embargo, surge un problema serio para interactuar con ellas, pues debido a su naturaleza pecaminosa y su enfoque en sí mismas, tienden a llevar al extremo sus virtudes y su sensibilidad puede convertirse en hipersensibilidad, su laboriosidad en perfeccionismo y su preocupación por los demás en una actitud dominante. Les afecta lo mismo que a los hombres, su naturaleza pecaminosa que les incita a llevar sus virtudes al extremo y cuando esto ocurre, se convierten en defectos.

*"Debido a su extraordinaria empatía y sensibilidad las mujeres tienden a preocuparse de satisfacer las necesidades de sus seres amados, pero cuando la mujer lleva al extremo las virtudes que Dios le ha dado y por atender a su familia vive tensionada y estresada, regularmente se convierte en dominante y exigente".*

## El mundo de la mujer: un desafío difícil

Las mujeres aman su mundo y no pueden imaginarse como los hombres pueden tener comportamientos como los que acostumbran. Sin embargo, para que la relación conyugal funcione, la mujer debe aprender a amarse a sí misma y al hombre que eligió para compartir su vida. Entiendo que el mundo de la mujer es difícil y lleno de tensiones, pero a pesar de ello, tiene la obligación de respetar al marido que eligió como compañero para toda la vida.

En Efesios 5:33 el apóstol Pablo entrega un par de mandamientos indispensables para el funcionamiento saludable de la relación conyugal. En la Nueva Versión Internacional dice: *"En todo caso, cada uno de ustedes ame también a su esposa como a sí mismo, y que la esposa respete a su esposo"*. Estas son condiciones ineludibles para los cónyuges que desean obedecer a Dios y tener una relación que resista las tormentas. Pablo no entrega dos opciones sino dos mandamientos. Es cierto que los esposos debemos obedecer el mandamiento de amar a nuestras esposas aun si ellas determinan no obedecer el precepto de respetar a su marido.

Por otra parte, también las esposas reciben la orden de respetar a sus maridos aunque ellos no cumplan el requerimiento de amar a su esposa. Por supuesto que para llevar a cabo esta orden de la forma saludable como ha sido entregada, marido y mujer deben comprender lo que verdaderamente es amor y respeto. Un estudio apropiado de la Biblia nos declara que el amor de Dios revelado en ella no es solo un sentimiento que se experimenta, sino una determinación que realizamos.

Es cierto que al enamorarnos nos sentimos alegres, emocionados, complacidos, atraídos, encantados y seducidos por quien conquistó nuestras emociones, pero es erróneo creer que por el amor que sentimos podemos permitir el maltrato y el abuso en las relaciones conyugales. Es verdad que en una relación de dos personas imperfectas que se aman, aparecerán acciones erróneas que herirán y motivarán a sentirse enojado, pero debemos confrontar el problema con sabiduría y ese tipo de amor divino que rechaza lo malo y solo permite lo bueno. Erich Fromm dijo: *"El amor no es una victima de mis emociones, sino un siervo de mi voluntad"*. Las enseñanzas de Jesucristo nos muestran el verdadero amor.

Incluso Jesús ordena amar a nuestros enemigos y aunque ese mandato parece una contradicción no es una equivocación. Los maridos y esposas que aman y son maltratados deben experimentar sentimientos de rechazo a las acciones equivocadas y no deben permitir actitudes erróneas. El amor debe ser parte de la relación conyugal, de manera que es recíproca. La Biblia no designa sólo al hombre como un líder que ama a su esposa, también a ella le manda a que ame y respete a su marido. Estos conceptos no son fáciles de entender pues están basados en lo profundo y maravilloso del amor divino.

La Biblia nos motiva a practicar el amor imitando el modelo divino, nos ordena respetarnos mutuamente y no sólo convivir o sentir amor. Nuestro pacto de amor en las relaciones conyugales no se termina por las circunstancias o el cambio de sentimiento, más bien es desafiado por todo conflicto que aparece en la vida matrimonial. Tenemos que cumplir nuestro pacto de amor a pesar de las circunstancias y de los errores, sino no lo hacemos hemos sido guiados por una fuerte pasión y no por el verdadero amor.

La esposa que cree amar mientras siente algo lindo concluirá que se acabó el amor cuando experimente el debido rechazo por las acciones erróneas de su cónyuge. Cuando se rechazan las acciones erróneas e irrespetuosas de su cónyuge con sabiduría, energía y prudencia, estamos amando verdaderamente. Quien cree que experimenta amor cuando está movido por el sentimiento estimulante de la atracción, experimentará una severa frustración cuando se sienta decepcionado, molesto o con ira por los errores de su cónyuge.

Esos genuinos sentimientos de rechazo de las acciones malas y enojo por las actitudes equivocadas, así como el respeto por las diferencias son actos de verdadero amor y respeto, que Dios demanda en la vida conyugal y motiva a las parejas sabias a amar como Dios lo exige, a corregir, exhortar y confrontar, con energía y tacto.

*"Dios no nos manda a solo sentir amor, sino actuar constantemente con amor. La mujer no solo debe amar, sino respetar a su marido y este pacto de amor no se termina por las circunstancias o los cambios en los sentimientos. Los cónyuges tienen el gran desafío de amar y respetar en toda circunstancia y en todo momento".*

Al examinar cientos de testimonios que me cuentan su historia de frustración, he notado siempre que la mujer vive decepcionada cuando espera lo que el matrimonio o su cónyuge no pueden darle. Si usted es una esposa que espera de la relación matrimonial algo que nunca fue planificado por Dios, vivirá con permanente desengaño.

Siempre que alguien tiene erróneas expectativas con respecto a lo que ocurrirá con la persona que tanto le ha ilusionado en el noviazgo, está preparando el terreno para su decepción. Ese matrimonio va rumbo a la muerte o por lo menos al desencanto y desilusión. Lamentablemente, este estado de insatisfacción al no recibir lo anhelado, generalmente deja a la persona frustrada en una permanente condición de vulnerabilidad y algunos hombres la toman como una buena excusa para tener una relación adúltera.

No espere lo que Dios no le prometió, ni algo que su cónyuge no pueda darle. No espere que su pareja vea la vida de la misma forma que usted, porque Dios nos creó para que veamos la vida de una forma muy diferente y de esa manera apoyamos mutuamente. Él no quiere que las marcadas diferencias creen conflictos y resistencia, sino una relación de comprensión y apoyo mutuo que se desarrolla con cariño y mucha paciencia.

He escuchado a miles de mujeres que se quejan de los errores de sus maridos, pero al igual que nosotros, también tienen puntos débiles que las convierten en personas con las cuales relacionarse es un serio desafío. Físicamente una vez al mes pasan por un periodo de debilidad física que gracias a Dios no lo tenemos los hombres pues sería mucho más dramático y destructivo. No todas las habitantes de éste planeta sufren este periodo de debilidad el mismo día del mes.

Existe variedad de días y de efectos y durante este tiempo el cuerpo de las mujeres pasa por etapas de debilidad física y emocional y pueden experimentar serios momentos depresivos. Su autoestima baja a niveles diferentes. Algunas se sienten absolutamente destruidas e increíblemente amargadas y otras luchan con tenacidad por no permitir que los efectos sean tan devastadores. Otras se vuelven agresivas, o muy emotivas por momentos; pero todas tienen la misma responsabilidad de manejar su realidad, enfermedad, periodos menstruales o depresiones de una forma sabia y constructiva.

Tristemente muchas mujeres hacen exactamente lo mismo que odian de sus maridos. A ninguna le agrada que su marido llegue del trabajo, molesto, alterado y súper sensible y que por las tensiones del día, irrespete, maltrate o ignore a sus seres queridos. Ninguna mujer debe irrespetar, maltratar o ignorar a su marido solamente porque está pasando por una etapa de opresión mensual que la dispone para actuar erróneamente con los miembros de la familia a quienes tiene que amar sabiamente.

He notado que muchas mujeres, especialmente las frustradas pueden criticar a sus maridos aun en público, pero generalmente no aceptan que sus esposos hagan lo mismo. Debido a las características positivas de su personalidad como su alta sensibilidad, gran emotividad y deseo de respeto y ternura, son más vulnerables a lo que otros dicen de ellas, y tienen una mayor tendencia a preocuparse más de las personas, que de los hechos.

Debido a la naturaleza emocional y su enfoque en los sentimientos, muchas mujeres tienen círculos de amistad donde comparten con absoluta franqueza, pero también se mueven en otros con los cuales es casi imposible relacionarse. La verdad es que existen muchas otras cosas que describen el mundo femenino, pero creo que con ese panorama general pueden conocer un poco más de su propio mundo y prepararse para profundizar y relacionarse mejor, por lo menos, con un hombre, su esposo.

*"Dios creó a las mujeres con grandes virtudes,*
*pero debido al pecado ahora tiene muchos defectos y como*
*consecuencia, no podemos tener una buena relación en forma*
*natural, por lo tanto debemos desarrollarla con una buena*
*actitud y organización. Dios creó a las mujeres*
*muy distintas, para que vean la vida en forma muy*
*diferente, no para atacarnos, sino para apoyarnos mutuamente, es por nuestro orgullo y egoísmo, que esas marcadas*
*diferencias tienden a crear conflictos y resistencia".*

## Capítulo 1

# El maravilloso, pero complicado mundo del hombre

Aunque muchas mujeres no estén de acuerdo conmigo debido a las tristes experiencias que han tenido, estoy convencido que el mundo del hombre es maravilloso. Se lo dice uno que ha decidido vivir una vida extraordinaria. Aunque no todos actúen, se comporten y relacionen sabiamente, ¡es extraordinario ser hombre! Tampoco todas las mujeres se comportan con sabiduría, pero aun así son una maravillosa creación divina y las que se comportan como Dios demanda claramente, disfrutan de relaciones saludables regularmente. Aunque muchos hombres hayan fracasado, nada de Dios ha fallado.

Nosotros, los hombres, erramos debido a que nuestra naturaleza pecaminosa nos mueve a hacer cosas que nos gustan aunque sabemos que desagradan a nuestro creador. Sin Dios o con Él, pero viviendo en desobediencia no podemos mantener relaciones conyugales de excelencia. En forma automática, no podemos tener acciones que honren a Dios y produzcan amor y respeto por los demás sin obediencia a Él.

Las mujeres no pueden vivir una vida de perfección y se equivocan tal como los hombres, debido a su mala formación y desobediencia a los principios bíblicos sobre la vida. Por esto somos motivados a tener acciones y actitudes que con intención o sin ella nos dañan a nosotros y a los seres queridos que decimos amar.

*"En forma automática y sin conocer lo que Dios ordena a la mujer, es imposible que mantenga una vida de obediencia y por lo tanto, sin sabiduría, buen conocimiento y prudencia, es imposible que tenga una relación conyugal de excelencia".*

## El mundo del hombre: una creación maravillosa

Al igual que la mujer somos criaturas únicas, aunque tenemos cosas en común. Todos somos seres iguales, pero no existe nadie que piense, sienta, reaccione como usted o tenga los mismos dones suyos. Aunque existen grandes similitudes y un deseo de amarnos y beneficiarnos, especialmente entre los miembros de una familia y esposos que se casan enamorados, también existe una naturaleza pecaminosa que nos motiva a cometer pecados.

El mundo de las diferencias es a la vez asombroso y conflictivo. Tal como hemos visto, el mundo de la mujer es emocionante y complejo. Es apasionante relacionarse con una mujer y mantener las buenas relaciones. El mundo nuestro también es maravilloso, pero tampoco deja de ser difícil.

Si usted desea amar a su esposo es esencial que comprenda su mundo. El universo varonil, generalmente es muy práctico. Tendemos a evitar quedarnos enredados en muchos detalles y nuestras conversaciones pueden tornarse aburridamente prácticas. Dios nos dio una mujer para que se encargue de los detalles y nos guíe a darle importancia a esos pormenores que de otra manera ignoraríamos, de igual manera el Señor dio a la mujer un hombre para que se encargue de las cosas funcionales, de buscar soluciones y guiar a la mujer para que no se asuste ni desespere el campo práctico.

Dios nos creó como conquistadores por naturaleza. Desde pequeños estamos determinados a dominar. Algunos estamos decididos a someterlo todo y otros solo algunas cosas que son esenciales. Para unos puede ser enamorar una chica, conseguir un buen trabajo, obtener grandes éxitos en sus estudios y para otros, su meta es la conquista de grandes cosas en el mundo. Aun hombres sin fuertes límites de alta moralidad y enemigos de Dios fácilmente pueden convertirse en conquistadores de nuevas pasiones y mujeres.

Los varones que no desean vivir bajo principios espirituales cristianos, pueden dejar libre su naturaleza pecaminosa y pasiones, y dedicarse a conquistar otras mujeres, aun si están casados. Muchas mujeres tienen problemas con sus maridos pues nosotros disfrutamos de las reuniones masculinas, de conversaciones cortas, y pensar en soluciones en vez de dejarnos atrapar por lo conmovedor de las emociones.

Nos encanta tomar el camino más corto y las decisiones más practicas pues no nos gusta quedarnos perdidos en una aventura que al inicio puede ser emocionante, pero luego tiende a desesperarnos. Nuestra inclinación natural es buscar soluciones que produzcan mejores resultados. Así como hay muchos hombres que se molestan y no prestan atención al mundo emocional de su mujer, también existen muchas mujeres que se molestan y no prestan atención al mundo práctico del hombre. Por supuesto, ambas actitudes son erróneas e impiden una relación conyugal saludable.

A la mayoría de los hombres, los desafíos nos motivan a conquistarlos, con excepción de los que requieren de un alto compromiso de nuestras emociones. Por ello, aceptamos enfrentarlos en el trabajo, en los estudios, en muchas áreas de la vida, pero nos desespera el reto de mantener saludable la relación matrimonial por el alto involucramiento de las emociones en todas las situaciones que discutimos con nuestro cónyuge.

Aunque anhelamos tener una relación matrimonial de excelencia, no siempre tenemos buen conocimiento, herramientas adecuadas, ni elegimos una actitud correcta para enfrentar sabiamente el mundo de las diferencias.

*"Aunque la mayoría, sino, todos los hombres
anhelamos tener una relación matrimonial de excelencia,
no siempre tenemos buen conocimiento,
herramientas adecuadas, ni elegimos una actitud correcta para
enfrentar sabiamente el mundo de las diferencias".*

## Mucha dedicación, sin mala intención

La verdad es que nunca he conocido un hombre que me haya dicho que anhela dedicarse con eficiencia a su trabajo con el propósito de destruir rápidamente a su familia. En general, el hombre normal y que no está siendo dominado por alguna dependencia, tiende a ser responsable y buen proveedor económico de su familia. Por ello, muchos de nosotros nos convertimos en "trabajólicos" y luchamos por cumplir responsablemente con la asignación divina de ser un proveedor de la familia.

Nuestro intento no es destruir la familia, ni preferir la oficina y rechazar a los que amamos, pero la motivación de cumplir con eficiencia el trabajo que nos ha sido dado, nos va moviendo lentamente a un involucramiento exagerado. Así las mujeres llegan a un punto en que se preocupan más de sus hijos, de su casa, de sí mismas y descuidan a su marido. Aunque no hayan planificado hacerlo, así también la mayoría de los hombres tenemos buenas intenciones y en nuestro deseo de cumplir con el trabajo para sostener bien a nuestras familias, para ser vistos como buenos proveedores, nos involucramos mucho más en la fuente de nuestro sostenimiento, no manejamos sabiamente las relaciones y tendemos a ignorar nuestros sentimientos.

Para el Señor es muy importante que un hombre sostenga bien a su familia. En la Biblia encontramos, que el cristiano que dice amarlo y no provee para su familia es peor que quien no tiene temor de Dios. Además, existe una seria exhortación para que los ociosos no reciban apoyo en una congregación y que mas bien sean exhortados y que si no obedecen, los demás creyentes se separen de ellos y los dejen experimentar las consecuencias de su irresponsabilidad. Así que los hombres que luchamos por ser buenos proveedores y cumplir con responsabilidad estamos obedeciendo a la Palabra de verdad, pero cuando no establecemos buenos limites y perjudicamos las relaciones familiares, nos equivocamos igual que las mujeres que por su pasión de amar a sus hijos se van a un extremo no saludable.

*"El intento de muchos hombres no es destruir su familia. Ni preferir la oficina y rechazar a los que aman, sino que motivados por cumplir con eficiencia el trabajo que les ha sido dado, quedan atrapados lentamente en un involucramiento exagerado. Las esposas no deben enfrentar el problema con desprecios, gritos o discusiones acaloradas, sino con confrontaciones sabias, y bien enfocadas".*

## Sociales y "no sociables"

Los hombres, generalmente somos menos sociales que las mujeres y tenemos más tendencia a participar con agrado de nuestras actividades sociales y esperamos que nuestras esposas respeten y se relacionen con nuestras amistades, pero no deseamos involucrarnos en los compromisos sociales de ellas o relacionarnos con sus amigas. Los hombres tendemos a hablar poco entre nosotros y preferimos limitar nuestras conversaciones a intercambios de monosílabos y a contestar concretamente, además, tratamos de evitar grupos pequeños de desconocidos y las aglomeraciones.

Los hombres somos inclinados a tener una gran variedad de actividades, aunque con el paso del tiempo se convierten en actividades rutinarias, casi predecibles. Nos convertimos en robots encargados de iniciar y culminar toda su rutina al fin de cada día. Por dar mucha de nuestra energía en los lugares de trabajo, terminamos completamente extenuados y buscamos desesperadamente la oportunidad de estar solos cuando regresamos a nuestros hogares. Esta actitud es muy diferente a la que tiene la mujer al regresar de su trabajo o al estar extenuada por las labores domésticas diarias. Independiente de si ha estado sola o con los niños, tiende a esperar la compañía y ayuda de su esposo cuando regresa a casa.

La mujer debe comprender que nuestro deseo de estar solos e involucrarnos en actividades de gusto personal, es la tendencia natural de reaccionar frente a nuestro cansancio. Ese gasto de energías que ocurre en el trabajo, al pasar la mayor parte del día en nuestras respectivas actividades, hace que al volver al hogar, preferimos callar, buscamos salir de nuestro mundo e involucrarnos en lo que nos agrada. Generalmente queremos salir del marco laboral, personal y familiar y tener un enfoque global. Por ello buscamos las noticias, y todo lo que muestre la acción y el movimiento que nosotros no podemos o queremos realizar. Vemos en la televisión programas de deportes y de acción para salirnos de nuestra rutina y todo lo que nos causa presión.

Las mujeres que trabajan en su hogar, sobretodo las que lo hacen fuera de casa y tienen horarios tan complicados como sus esposos, y sin embargo también deben cuidar con dedicación a su familia, procuran eliminar su presión compartiendo con un esposo amante y dispuesto a escucharlas. Ellas desean terminar rápidamente con sus labores de hogar para poder descansar, pero como resultado de haber entregado todas sus energías y sentirse presionadas por la tensión del día, critican a sus esposos por alejarse y se inicia un serio momento de tensión que anhelaban evitar. Los dos extremos son malos y destructivos.

La reacción extrema del hombre de buscar su relajamiento personal sin ayudar en las tareas del hogar y la respuesta similar de la mujer al tomar una actitud hostil y antagónica.

Es triste, pero cierto. El mismo agotamiento, que debería motivarlos a apoyarse mutuamente en todo momento, les presiona a actuar erróneamente y a herir sus sentimientos.

Cuando una esposa actúa con sabiduría y tiene tacto para realizar una confrontación seria y consistente, puede ser una gran fuente de motivación para que su marido cambie y busquen una solución que les permita a apoyarse mutuamente y relajarse inteligentemente.

*"La reacción extrema del hombre, de buscar su relajamiento personal sin ayudar en las tareas del hogar y la respuesta similar de la mujer al tomar una actitud hostil y antagónica no construyen la vida familiar. Es triste, pero cierto. El mismo agotamiento, que debería motivarlos a apoyarse mutuamente y en todo momento, les presiona a actuar erróneamente y a herir sus sentimientos".*

## Fuertes, pero débiles

Los hombres somos fuertes en ciertas áreas de nuestras vidas, pero, igual que las mujeres, también tenemos grandes debilidades y la gran lucha se centra en el área de la sexualidad. Dios nos creó a la mayoría con una fuerte necesidad sexual que demanda ser satisfecha. Esta no es una elección que realiza su marido. Así como usted nació con una débil o fuerte respuesta sexual, también él fue diseñado por Dios de la forma que es.

Escucho el testimonio de muchas mujeres que se molestan porque sus maridos las tocan constantemente, se acercan sensualmente, hacen bromas sobre partes íntimas de sus cuerpos o buscan tener relaciones sexuales con más regularidad que ellas. Eso es tan injusto como si el hombre se molestara porque ella no le toca sus partes intimas constantemente, no se acerca algunas veces al día de una forma sensual y no busca tener relaciones sexuales todos los días.

Ambos estarían equivocados si actuaran así y definitivamente está equivocada la mujer que se molesta porque su esposo fue creado por Dios de esa manera.

No significa que esté correcto que él no se limite, no evite bromear a cada momento o exija lo que él quiere. Ambos tienen que aprender a vivir con un buen equilibrio, respetando los deseos y pasiones normales que Dios ha diseñado para que sean satisfechas en la relación marital y además, poniéndose de acuerdo con su cónyuge para respetar los deseos y formas como desean practicar su vida sexual.

La falta de una buena estructura moral, mala formación, ausencia de temor a Dios, concepción equivocada de la masculinidad y la falta de satisfacción sexual en su vida matrimonial motivan al hombre para buscar la satisfacción errónea de sus pasiones. La pasión sexual es un deseo que nunca se llena, ni siquiera con una excelente vida sexual con la esposa. Esta ansiedad nos puede llevar a extremos destructivos, aun cuando la vida sexual matrimonial sea normal.

Por supuesto que es mucho más peligroso cuando la esposa no ha aprendido a desarrollar su vida sexual en forma saludable y no lucha por mantenerla conforme al diseño divino.

La presión sexual de la mayoría de los hombres se va acumulando y se convierte en una pasión que demanda satisfacción. Por ello los hombres tenemos tantos problemas con la pornografía y el adulterio. Las mujeres deben comprender que si ellas no practican una sexualidad saludable y rechazan sus deseos sexuales normales, poco a poco perecerán, trayendo como consecuencia la falta de deseo y fastidio ante la necesidad de sus esposos.

*"La presión sexual de la mayoría de los hombres se va acumulando y se convierte en una pasión que demanda satisfacción. El deseo sexual de la mayoría de las mujeres va pereciendo lentamente cuando ellas no practican una vida sexual saludable con regularidad.*
*Un esposo sexualmente activo e insatisfecho y una mujer sexualmente inactiva y molesta, es una terrible combinación que motiva al adulterio que destruye toda relación".*

## Ayuda que no ayuda

Las esposas deben comprender que así como para la gran mayoría de ellas, lo más natural es la prioridad de atender su hogar, esposo e hijos, así también, para la mayoría de los hombres lo natural es tener como prioridad, suplir las necesidades económicas de su familia. Esto, unido a la concepción machista que domina la sociedad, presiona a despreocuparse de otros aspectos importantes de la relación conyugal.

En forma natural los hombres generalmente no pensamos en como ayudar en las labores domesticas. El orden en nuestra casa, no es una de las más importantes prioridades del hombre y acostumbramos a relajarnos en nuestro hogar al punto de no preocuparnos por ayudar a nuestras esposas y esperar a ser atendidos más que a servir.

Podemos estar más preocupados del orden de nuestra oficina que de nuestro lugar de residencia. Existen algunos hombres que les encanta tener todo ordenado, pero no están interesados en participar en dicha tarea. Otros hombres exigen cierto nivel de orden, pero su pasión no es tener todo perfectamente arreglado y no siempre se preocupan por ordenar lo que ellos o sus hijos desordenan. Algunos no están preocupados de poner su ropa sucia en los lugares designados y tienden a depender en gran medida de lo que hagan sus esposas.

Dicen los entendidos que la mayoría de los hombres no tienen la disciplina de ayudar regularmente, con una buena actitud y en labores que son importantes, sino que muchas veces el servicio prestado a sus esposas, se puede comparar con la ayuda que brinda un niño, pero no con el trabajo organizado y excelente de su esposa. Por eso, muchas veces el apoyo de un esposo, no sirve, especialmente cuando no tiene interés en aprender a realizar labores domesticas con excelencia, de la forma que le gusta a ella y con una actitud tan positiva que se sienta amada y respetada por el servicio recibido.

Debido a esto, muchas esposas toman la errónea actitud de vivir criticando a sus maridos o tratarlos como niños exigiéndoles ayuda por medio de presiones, gritos y maltrato, o ignorando su irresponsabilidad. La mujer debe actuar con sabiduría, no tratarlo como un niño sino como un adulto, enfrentando el problema con conversaciones honestas, directas, con la actitud adecuada y en el momento oportuno.

*"Es erróneo y no logra su objetivo, la esposa que con gritos, maltratos o enojos constantes, trata de motivar a su esposo para que ayude sabia y equilibradamente en las labores del hogar. En lugar de motivarlo lo va a decepcionar. Es prudente que con acuerdos, organización, límites y sanciones cada uno sea motivado a cumplir sus obligaciones".*

## Auto suficientes, pero insuficientes

Los hombres tendemos a creernos autosuficientes en muchos aspectos de nuestras vidas, pero no cuando se trata de la cooperación y actividad en nuestros hogares donde acostumbramos a ser dependientes de la atención de nuestras esposas. En nuestros hogares generalmente dedicamos poco tiempo y no brindamos la ayuda suficiente.

## Capítulo 1

A pesar de querer gobernarlo todo, no nos gusta nada la idea de que estamos siendo gobernados, nos encanta sentirnos como niños para que nos atiendan como reyes, especialmente cuando estamos enfermos.

Ninguno de los dos géneros es autosuficiente, pues Dios nos creó para que nos complementemos sabiamente. Aunque cada género tiende a vivir su propio mundo y exigir que las cosas se hagan de acuerdo a lo que cada uno desea, Él nos diseñó también con una necesidad que normalmente debe ser suplida por nuestro cónyuge. Cuando Dios creó al hombre lo vio solo y pensó que no era bueno que viviera así, por ello decidió llevar a cabo lo que eternamente había planificado, crear a la mujer. Los creó diferentes y complementarios, distintos, pero que se necesitaran. La relación era así y ambos satisfacían mutuamente sus necesidades sin orgullo y egoísmo, pero luego vino el pecado y produjo una gran lucha de poder e intereses que produce conflictos al tratar de relacionarnos. Dios nos creó de tal forma que la autoestima de los hombres aumenta con los logros que alcanza, pero pese a esto, mantendremos un vacío en nuestra vida intima que no puede ser llenado sino con una relación saludable con Dios, junto a la mujer que Él diseñó. De la misma forma, Dios creó a la mujer para que la mayor fuente de aumento en su autoestima sean las relaciones amorosas.

*"Ni el hombre ni la mujer fueron creados autosuficientes.*
*Dios nos creó para complementarnos eficientemente.*
*Para que suplamos nuestras necesidades personales,*
*pero también tenemos ciertas deficiencias que tienen que*
*ser suplidas y complementadas por el cónyuge,*
*si deseamos vivir vidas normales".*

El unirse en amor y de la forma como Dios lo diseñó primero, con sus padres, luego con un hombre y más tarde con sus hijos, le permitirá sentirse satisfecha en la vida. Por ello una mujer puede tener las mejores comodidades, alcanzar los más altos niveles académicos y tener una extraordinaria relación con sus hijos, pero la ausencia de una relación romántica con su esposo la lleva a un mundo vacío. Hombre y mujer pueden tener personas con quienes compartir, cosas que disfrutar, pero sino tienen una vida conyugal armónica, todo se convierte en detestable.

El Creador puso en nosotros una gran necesidad saludable de mantener una relación de interdependencia con una persona del sexo opuesto con la cual determinamos amarnos y apoyarnos mutuamente.

Los hombres podemos alcanzar grandes logros en nuestra profesión, ser respetados y amados en nuestros lugares de trabajo, podemos comprar los juguetes más caros, pero sentirnos vacíos. Podemos satisfacer nuestras pasiones al extremo, e involucrarnos en relaciones sexuales adulteras, y sentirnos vacíos. Los hombres podemos vivir una vida de autosuficiencia e independencia, practicar deportes extremos y buscar permanente diversión, pero siempre existirá un vacío en nuestro corazón.

*"Dios creó al hombre y a la mujer con un vacío que tiene su forma y sólo la relación con Él puede llenarlo. También creó a la pareja para que se necesiten y por ser diferentes, se complementen. Nos diseñó distintos para que nos ayudemos".*

## ... CAPÍTULO 2 ...

*"No es fácil convertirse en hombres con convicciones apropiadas, fundamentos firmes, integridad a prueba de tentaciones y sabiduría envidiable. No es natural para el hombre ser atento, cariñoso, preocupado de las necesidades integrales de su familia, responsable y maduro. Quienes hemos llegado a niveles altos de comunicación y trato respetuoso de nuestras esposas, siendo cariñosos y considerados, hemos tenido que avanzar lentamente, día tras día y año tras año, por un camino que no ha sido fácil de recorrer y que no terminaremos sino cuando dejemos de vivir".*

# 2

# Conozca de un hombre el mundo del hombre

En éste capítulo mi tarea no es tan complicada pues me corresponde hablar de mi mundo masculino. Mientras más pasan los años estoy muy agradecido con Dios por haberme creado así. He estudiado tanto el mundo de la mujer y tengo tanta empatía por sus vivencias que estoy convencido que en muchas formas, y por la falta de liderazgo y apoyo de muchos esposos, su vida es más difícil que la nuestra. En mis libros *Cartas a mi Amiga Maltratada, Tesoros de Intimidad, Sexualidad con Propósito* y *¿Conoce usted a su Esposa?*, doy un apoyo bíblico y sabio a las mujeres que tanto amo. Sin embargo, esto no significa que el mundo del hombre sea fácil.

Cuando pienso en la gran responsabilidad que tenemos los varones sobre nuestros hombros, me doy cuenta del por qué muchos prefieren evitar las demandas de la obligación y la razón por la cual también somos tan criticados. Es mas fácil enojarse, alejarse y evitar involucrarse con su esposa, hijos y las labores domesticas, que dedicarse a cumplir con excelencia una responsabilidad en el hogar después de realizar con empeño nuestro trabajo.

Por otra parte, para quienes critican a los hombres es más fácil dar sus opiniones que dedicar tiempo a conocer, estudiar y comprender el sinnúmero de responsabilidades que cumplimos los maridos normales.

## Nadie es perfecto, tampoco los hombres.

Aunque es obvio que no existe nadie perfecto, es real que haya personas que aunque no exigen perfección, casi siempre la esperan o están listas a ver la paja del ojo ajeno, e ignorar la viga que tienen en el suyo.

Para decepción de muchas mujeres, debo recordarles que no existen los hombres perfectos y que en toda área de la vida solo unos pocos viven por encima del nivel de la mediocridad. No es la excepción la vida conyugal de un hombre. Solo una minoría alcanza a sobrepasar este bajo nivel en sus relaciones matrimoniales. Pero lo mismo ocurre con las mujeres. No todas son excelentes y generalmente la minoría cumple sabiamente sus responsabilidades como mujer, esposa y madre.

En todos los campos de la vida se repite la misma realidad. No son la mayoría los buenos líderes de un país. Es una minoría la que toma el liderazgo y logra que las grandes empresas funcionen. No son la mayoría de los artistas quienes logran el máximo nivel de calidad, ni todos los jugadores de fútbol los que se convierten en grandes estrellas. Por lo tanto, tampoco la mayoría de los hombres son sabios y se convierten en maridos admirables.

No es fácil convertirse en hombres con convicciones apropiadas, fundamentos firmes, integridad a prueba de tentaciones y sabiduría envidiable. No es natural para el hombre ser atento, cariñoso, preocupado de las necesidades integrales de su familia, responsable y maduro.

Quienes hemos llegado a niveles altos de comunicación y

## Capítulo 2

trato respetuoso de nuestras esposas, siendo cariñosos y considerados hemos tenido que avanzar lentamente, día tras día y año tras año por un camino que no ha sido fácil de recorrer y que no terminaremos sino cuando dejemos de vivir.

Tristemente existen personas que tienden a poner a todos los hombres en el mismo costal. La verdad es que aunque tenemos determinadas características que son típicas de nuestro sexo, también existen grandes diferencias en lo que hace cada persona con las características comunes que tenemos. La labor de padre y esposo demanda tantas responsabilidades que generalmente nos sentimos impotentes para poder atender todas las necesidades de nuestra familia y esto no solo nos inunda de preocupaciones, sino que también produce serias tensiones.

Generalmente la provisión económica esencial es obligación masculina y sentimos las presiones de tener suficiente ingreso para la comida, pagar la renta, las necesidades de vestuario, escuela, médicos, medicinas y muchas otras cosas más que son nuestra preocupación mensual. Esto unido a la falta de estímulo y comprensión puede sumir al hombre en un mundo de molestia y depresión. No solo la labor domestica de la mujer muchas veces es ignorada, sino también el deber laboral y la permanente provisión que el hombre realiza tampoco reciben el reconocimiento regular que merece. Éstas labores son extremadamente importantes y ambas responsabilidades deberían recibir reconocimientos periódicos por parte de los cónyuges.

Cuando existe una actitud de comprensión, apoyo y reconocimiento mutuo por las difíciles responsabilidades que los esposos deben cumplir, se crea un ambiente más cercano como producto de la empatía que sienten. Nada peor que dos personas que cumplen con esmero su compromiso y no tienen la sabiduría y la capacidad de reconocer sus sacrificios. Es triste, porque al aportar deberían ser respetados y reconocidos pero debido a la falta de cariño, tacto y empatía ignoran su contribución y dan por sentado que no necesitan estímulo y comprensión. Por esa actitud errónea e insensata, dos personas responsables viven en un mundo antagónico y de permanentes conflictos, en lugar de disfrutar y sentirse contentos ya que ambos lo hacen con responsabilidad.

*"No es fácil convertirse en hombres con convicciones apropiadas, fundamentos firmes, integridad a prueba de tentaciones y sabiduría envidiable. No es natural para el hombre ser atento, cariñoso, preocupado de las necesidades integrales de su familia, responsable y maduro. Quienes hemos llegado a niveles altos de comunicación y trato respetuoso de nuestras esposas, siendo cariñosos y considerados, hemos tenido que avanzar lentamente, día tras día y año tras año, por un camino que no ha sido fácil de recorrer y que no terminaremos sino cuando dejemos de vivir".*

## Hablando como hombre de las decepciones masculinas

Por mi labor de conferencista y ser un hombre público, debido a los programas de radio que se escuchan en toda América Latina, los Estados Unidos, España y por Internet en todo el mundo. Por ser conocido por los materiales que publicamos, tengo el privilegio que pocos hombres tienen.

A través de los años me han escrito miles de personas, he tenido la oportunidad de conversar con cientos de jóvenes, bastantes niños, un número considerable de hombres y muchas más mujeres. Generalmente los hombres no siempre se acercan al final de una conferencia para expresar su gratitud o buscar un consejo para sus problemas. Pero he estado en contacto con un buen número de ellos para darme cuenta y conocer sus decepciones y frustraciones, así como sus necesidades y desafíos. Por otro lado, siendo un hombre más de los millones que existen en este planeta, pero uno de los pocos que se dedica a estudiar con excelencia el mundo de los géneros y las relaciones entre ellos, creo que conozco bien el nuestro, sus necesidades y frustraciones.

Así como he defendido con pasión, amor y fundamento bíblico el extraordinario mundo de la mujer y me he convertido en un defensor de ellas en todo lugar, así también creo que es una acto de justicia, no solo mostrar el mundo del hombre, sino también defender su derecho a ser respetado y amado, tal como la Biblia lo enseña.

Al dialogar con otros hombres, han demostrado su inconformidad, y en las conversaciones con mujeres, he notado las herramientas erróneas que utilizan para expresar su descontento o la forma equivocada de decir cosas justas. De mi observación de ambos mundos, de sus acciones y reacciones en el complicado universo de sus relaciones interpersonales, especialmente en la vida conyugal he llegado a las siguientes conclusiones:

Primero, existe la tendencia de atacar a los hombres en lugar de expresar el descontento por sus debilidades.
Es cierto que los hombres nos inclinamos más a esconder nuestros sentimientos y evitar expresar nuestro descontento, y la mujer generalmente es más verbal y expresiva. Muchos hombres callamos cosas que pensamos y muchas mujeres expresan lo que piensan y esa diferencia produce conflictos y cierta resistencia.

Las mujeres tienden a ser más expresivas, a compartir con mayor facilidad sus frustraciones. Por ello no tienen tantos problemas para buscar un consejero, compartir sus conflictos con las amigas o hablar con su familia de los conflictos conyugales. Debido a su facilidad para expresar y decir lo que piensan, muchas mujeres son propensas a resaltar los defectos de sus maridos sin exaltar con regularidad sus virtudes. Creo que vale la pena poner un poco de equilibrio. Quisiera que usted aprenda a reconocer las virtudes de su esposo. Como digo en mi libro *Padre o Progenitor*, todo hombre debe recibir en algún momento un reconocimiento pues hasta un reloj dañado da la hora exacta dos veces al día.

Expreso mis palabras de ánimo y apoyo a los hombres que hacen serios esfuerzos por ser buenos padres y maridos. Animo a quienes se sacrifican diariamente por el bienestar económico de su familia y no reciben reconocimiento siempre. Creo que es de sabios reconocer nuestros defectos y lo haré con sinceridad en el transcurso de este escrito, pero también creo que es muy estimulante ser reconocidos por la cuota de bien que aportamos a la humanidad, y el que realizamos a nuestro mundo familiar.

Creo que las esposas tienen todo el derecho de reprochar los errores y confrontar los pecados de sus maridos, pero nadie tiene derecho a maltratar, insultar, manipular o ignorar a su esposo pues estas actitudes no producen buenos resultados.

*"Las esposas sabias no ignoran las irresponsabilidades de sus maridos. Al contrario son respetuosas y actúan con energía y autoridad para confrontar los errores, pecados de sus maridos y todos sus actos de irresponsabilidad, sin utilizar el maltrato, el insulto o la manipulación, ellas realizan una apropiada confrontación con energía y sabiduría".*

Segundo, la mayoría de los hombres no tenemos malas intenciones, hemos cometido graves errores por ignorancia, al no recibir sabias instrucciones.

Estoy convencido que Dios nos creó para vivir en un mundo perfecto, pero después de la llegada del pecado, es imposible que vivamos conforme al plan divino. Sin embargo, nos ha prometido que si tenemos una relación personal con Cristo, Él será nuestra ayuda para poder vivir la mejor clase de existencia que podemos gozar a pesar de ser criaturas imperfectas. Toda nuestra bondad fue afectada por el pecado y tenemos una tendencia a alejarnos de la verdad, de la luz y del amor.

Por otra parte, fuimos creados a la imagen de Dios y tenemos grandes virtudes pues nos ha dado el potencial de disfrutar vidas excelentes. Dios nos ha dado instrucciones que si son obedecidas nos permiten vivir conforme a su voluntad. Jesucristo nos dejó su ejemplo, mandamientos, principios y valores que no solo enseñó, sino también modeló.

Otra verdad con respecto a los hombres es que no venimos a este mundo ya ensamblados moralmente. Somos inmaduros y debemos ser "armados" conforme a las instrucciones que nuestro Creador ha entregado. Lamentablemente no tuvimos el proceso de ensamble ideal y tenemos la gran tarea de identificar las áreas que deben ser cambiadas, corregidas o mejoradas y asumir la responsabilidad de realizar este trabajo que ninguna otra persona puede realizar. Lo único que puede hacer una esposa sabia es mostrar con tacto los errores y pecados, motivar al cambio y permitir que viva las consecuencias de su negativa a cambiar.

Mientras comunico a ustedes estas verdades y trato de describir a su esposo, debo reconocer primero que soy un hombre más que he cometido serios errores por ignorancia, si no lo hiciera, mi esposa con elocuencia y con muchos detalles se encargaría de recordármelo.

Seguramente, mi experiencia no es muy distinta a la de su esposo. Todavía no he conocido a nadie que tengo el propósito bien planeado de destruir a su familia. Sin dudas su esposo ha cometido serios errores y muchos de ellos son producto de la falta de instrucción. La paternidad es un trabajo temporal que no se puede realizar con excelencia sin prepararse. La mayoría de nuestros padres no tuvieron la instrucción necesaria para guiarnos y enseñarnos a ser buenos esposos. Nadie me instruyó sobre asuntos de la familia, ni me prepararon para conocer y amar a mi esposa.

En mi hogar vi a un padre preocupado por el bienestar de su esposa, pero tampoco conocía los secretos de un matrimonio conforme al corazón de Dios. Nadie me ayudó a formarme como un esposo amante de su esposa y por algunos años ignoré muchas de sus necesidades. Cuando comencé a estudiar el tema, pude darme cuenta de los errores que estaba cometiendo, poco a poco fui haciendo los cambios necesarios para ir mejorando lentamente mi responsabilidad.

Por lo tanto, estoy seguro que existen muchos hombres que están cometiendo serios errores porque nunca han recibido instrucción sabia sobre aspectos imprescindibles de la relación familiar. Esta realidad de ninguna manera es una excusa. Es una buena razón que demanda tomar la decisión de buscar la debida instrucción. Las esposas sabias deben comprender que la falta de enseñanza es una buena razón, pero asimismo deben ser sensatas para exigir que su cónyuge aprenda todo lo necesario para convertirse en un hombre amoroso.

*"Debido a que marido y mujer ignoran muchas técnicas
de cómo relacionarse con sabiduría en la vida matrimonial,
no deben usar sus errores, defectos y pecados para atacarse
mutuamente. Más bien, deben ponerse de acuerdo para
estudiar, aprender y aplicar su nuevo conocimiento
y apoyarse en todo momento".*

# Es imposible comprender bien a quien no conocemos bien

No podemos comprender a una persona que no conocemos. Podemos imaginarnos su mundo y sus temores, tratar de discernir sus preocupaciones y motivaciones, pero es imposible comprender a quien no conocemos. Muchos hombres esperan que sus mujeres piensen, sientan y actúen como ellos. Pero, también ellas desean que sus maridos hagan lo mismo. Los hombres lucimos, actuamos, pensamos y sentimos como seres masculinos.

Frente a un mismo asunto y observando las mismas experiencias, hombre y mujer pueden pensar y sentir algo totalmente diferente. En ocasiones ambos tienen razón, ninguno está equivocado, solo que tienen un punto de vista distinto por ser seres humanos distintos y con sexo diferente.

Uno de los más grandes secretos en la vida es conocer bien aquello con lo cual nos vamos a relacionar. Desde conocer bien el automóvil que adquirió, va a conducir, es su gran inversión y cumple una importante función, hasta conocer bien las plantas que desea que adornen su casa. Usted las adquirió porque cree que cumplirán una buena función, y desea que perduren. Por ello, si usted es sabia debe tomar el tiempo para conocer sus posesiones.

Debe saber sobre su automóvil y sus plantas o no podrá suplir las necesidades que le corresponde, evitar las acciones que le hacen daño o esperar algo que su automóvil o plantas no pueden dar. Lo mismo ocurre con nuestro mundo de relaciones interpersonales. Debemos invertir tiempo para conocernos y tomar la determinación de evitar lo que hace daño a nuestro cónyuge, realizar lo que es correcto de acuerdo a las instrucciones del Creador y tener las expectativas correctas.

Una de las reacciones propias de la esposa sabia es determinar que espera Dios de ella, no lo que su esposo desea. La mujer sabia aprende cuales son las necesidades que como esposa debe suplir y cual es su función y rol en la vida matrimonial. Quisiera decirle que esto es fácil y natural, pero la verdad es que conocer y actuar sabiamente con su esposo es difícil y no fluye naturalmente. Debe adquirir conocimiento, elegir una buena actitud y aplicar diariamente la información que ha adquirido inteligentemente.

Con los consejos que le comparto, pretendo que usted conozca al hombre que ha decidido amar. No solo deseo que lo conozca para que lo pueda comprender mejor, sino que lo conozca para que usted le ame mejor.
Al recorrer los países con la intención de ayudar a las familias tengo la oportunidad de escuchar testimonios muy variados sobre lo que las mujeres piensan de los hombres.

Por supuesto que la mayoría de ellas busca mi ayuda debido a los conflictos que experimentan así que sus opiniones sobre sus cónyuges no son muy buenas.

*"Dios nos creó para vivir en un mundo perfecto,*
*pero el pecado nos convirtió en seres imperfectos que viven en*
*un mundo defectuoso, por eso es tan difícil la relación entre*
*dos personas que se aman. Relacionarse sabiamente*
*no es fácil ni natural. Para hacerlo, debemos conocernos,*
*aunque sea difícil y no fluya naturalmente.*
*Para relacionarse sabiamente con su esposo, ella debe adquirir*
*conocimiento, elegir una buena actitud y aplicar diariamente*
*la información que ha adquirido inteligentemente".*

## ... CAPÍTULO 3 ...

*"Somos seres humanos pecadores que vivimos en un mundo imperfecto y por lo tanto, tenemos relaciones interpersonales deficientes. Con conocimiento, fortaleza y consistencia debemos sortear una serie de obstáculos que impiden que nos relacionemos con excelencia".*

# 3
# Conozca los obstáculos que debe sortear para poder relacionarse

En este mundo real que nos toca vivir encontramos un gran conflicto que tenemos que aprender a resolver. El problema es entender y actuar sabiamente frente a esta realidad: existe un conflicto serio entre como deberían ser las cosas y como son en realidad.

Todo comenzó en el jardín del Edén. Si usted lee la Biblia notará que después de cada día de creación, Dios declaraba que lo que había hecho era bueno. El mundo creado por Dios era un lugar de bendición, no de maldición y la vida era lo que debería ser. Nuestra realidad es diferente pues al ser expulsados nuestros primeros padres comenzaron a vivir en un mundo de pecado, que recibimos como herencia.

Debido a que fuimos creados para el Edén, no para vivir en un mundo caído, anhelamos las relaciones perfectas y la vida ideal. Nuestra realidad y experiencia diaria, así como los errores que cometemos nos obligan a pensar en nuestra imperfección, pero no lo suficiente como para aceptar los defectos, fallas y pecaminosidad de los que nos rodean.

Cuando digo aceptar, no estoy motivando a tomar lo malo, sino admitir la realidad y nuestra responsabilidad de lidiar bien con el mal que tenemos y que nos rodea. En nuestras vivencias experimentamos un poquito de la perfección cuando tenemos experiencias hermosas. Cuando usted ve a su niño recién nacido y saludable, tiene que pensar en la maravilla de la concepción y nacimiento.

Cuando se enamora y experimenta sensaciones extraordinarias de ternura y afecto, usted sabe que el amor es una experiencia que perfecciona. Pero todo es momentáneo y disfrutamos de esos instantes de perfección que coexisten con las fallas y el pecado. Cuando los cónyuges maduros aprenden a aceptar el bien y el mal y se preparan para lidiar con ambos, están capacitados para aceptar la realidad y saber como vencer los obstáculos que le impiden relacionarse saludablemente.

Correr esta carrera de obstáculos es hermoso y desafiante, pero hay que prepararse. Las relaciones entre marido y mujer son como una carrera de vallas. Hay que prepararse para saltarlas. Con una buena preparación, una fuerte determinación, con la preparación y el trabajo diario, se fortalecen los músculos que nos dan resistencia, vamos obteniendo la elasticidad y agilidad que nos permite saltar y la potencia que nos permite avanzar y tener la necesaria fuerza para llegar a la meta: tener una relación conyugal caracterizada por la excelencia. El conocer, aceptar la realidad como esposos y su preparación para lidiar con los obstáculos es esencial para tener una buena relación matrimonial.

Al compartir con usted lo que he aprendido al observar las relaciones conyugales conflictivas, intento que aprenda las técnicas que le permitan aceptar la realidad de que usted es una mujer imperfecta y está casada con un ser igual y mientras mas "perfectamente" lidie con la deficiencia, más posibilidad tiene de construir una buena relación.

## Capítulo 3

Lea con atención, conozca bien los obstáculos, acéptelos y prepárese con excelencia para sortearlos con sabiduría:

*"La relación conyugal es como participar en una carrera de vallas. Con una buena preparación, una fuerte determinación, buen entrenamiento y trabajo diario, se fortalecen los músculos que nos dan resistencia. Además, poco a poco vamos obteniendo la elasticidad y agilidad necesaria para saltar los obstáculos y adquirir la potencia que nos permite avanzar y tener la resistencia para llegar a la meta: tener una relación conyugal caracterizada por la excelencia".*

## El obstáculo de la imperfección

Jesucristo dijo que en el mundo tendríamos aflicción, pero a la vez que no nos ha sobrevenido ninguna tentación que no sea humana y que con su ayuda no podamos soportar. Un proverbio señala con sabiduría: *"El avisado ve el mal y se esconde; mas los simples pasan y reciben el daño". (22:3).* Las personas sabias que se preparan para actuar con prudencia ven el peligro antes de que acontezca y actúan con discernimiento e inteligencia. Las personas necias continúan haciendo lo mismo y evitan prevenir, aunque esto produzca daño a otros y le cause sufrimiento.

## No somos perfectos como quisiéramos

He escuchado a muchas personas que no pueden aceptar sus fallas y viven en un mundo de culpabilidad. Esto les impide desarrollar bien la relación conyugal pues en muchas ocasiones se sienten culpables aun de los errores de sus cónyuges. En mi libro **Cartas a mi Amiga Maltratada** aconsejo a las mujeres que no confrontan el problema de la violencia de su marido pues en muchas ocasiones creen que ellas han sido las culpables al provocar la reacción violenta de sus parejas. Esa es una actitud extrema que perpetúa la violencia y se debe a la falla de adjudicarse errores que no han cometido o que no justifican los actos violentos.

He aconsejado a mujeres que no pueden aceptar que otros fallen. Son expertas en buscar misericordia para sus errores, pero justicia inflexible para las fallas ajenas. Cuando algo no sale como ellas quieren, generalmente buscan un culpable y muchas veces son los hijos o el esposo. Esta tendencia a culpar como producto de no aceptar las imperfecciones personales lleva a un mundo de conflicto permanente, a vivir involucrando a los demás y nunca o casi nunca pedir perdón por no aceptar sus propias fallas con madurez y enfrentar los errores ajenos con sabiduría.

*"Mientras no aceptemos que somos seres humanos imperfectos que vivimos con otros seres iguales no tendremos la capacidad de aceptar nuestras fallas y luchar por corregirlas regularmente, ni podremos confrontar los errores ajenos con energía, tacto y sabiduría".*

## Los demás no son perfectos como esperamos

Nuestra tendencia es no aceptar que otros, debido a sus imperfecciones en algún momento nos causen dolor. Queremos que los demás nos gratifiquen y no cometan el terrible error de provocarnos dolor en algún momento. Debemos aceptar la realidad que pese a sus buenas intenciones, a su comprensión y amor, los cónyuges cometerán equivocaciones y en algún momento debido a sus fallas pueden provocarnos dolor.

Sin duda encontramos una buena cantidad de gente buena que intenta vivir con justicia, también hallamos a otras que no tienen buenas intenciones. Si usted fue criada como una niña mimada o tan sobreprotegida que llegó a pensar que el mundo tenía que girar en torno a sus gustos y demandas, su relación conyugal no puede ser saludable.

## Capítulo 3

Si usted fue criada como una niña intimidada y algún adulta acostumbraba abusar de usted física o emocionalmente, entonces su tendencia será a tolerar comportamientos destructivos que nunca debería aceptar, o a reaccionar de manera similar, sin encontrar nunca la solución.

Rebeca buscó mi asesoramiento pues no podía relacionarse bien con su esposo y según ella, eso estaba repercutiendo en que no podía tener una buena comunicación con sus hijos y con otras personas. Admitió que prácticamente no tenía vida social y que se había hecho tan independiente que ni aun en el trabajo interactuaba con sus compañeros. Al avanzar en el proceso reconoció que la gente le frustraba. Me di cuenta que sus relatos mostraban que tan pronto como alguna persona le causaba desilusión, la atacaba y se aislaba. Era tan fuerte la frustración que experimentaba que no le permitía manejar los conflictos y las diferencias. No podía tolerar los errores de los demás. Sus padres le dieron esa idea.

Con sus actuaciones ellos le hicieron creer que el mundo debía girar en torno a ella. Esa era la razón para ser tan perfeccionista y demandar que los compañeros de trabajo, amigos, hijos y esposo vieran la vida como la concebía. Su problema real era que no aceptaba que demandaba cosas incorrectas, cometía errores y que los demás también eran parte de un mundo imperfecto.

*"Vivimos en un mundo en el cual los demás no son lo que esperamos, ni nosotros somos lo que debiéramos. Las esposas deben aceptar la realidad que pese a sus buenas intenciones, comprensión y amor, sus maridos se equivocarán y en algún momento debido a sus errores les pueden provocar un dolor. Aprendemos a vivir sabiamente cuando nos preparamos para tratar con nuestras imperfecciones y ante las fallas ajenas, realizamos sabias confrontaciones".*

## El obstáculo de las exageradas expectativas

He escuchado a muchas mujeres decir: *"Estoy decepcionada. Él no es lo que yo esperaba"*. Siempre les hago la misma pregunta: ¿Crees que existe alguien que pueda ser lo que tú esperas? La gran verdad es que no creo que exista una persona que pueda satisfacer todo lo que otra espera de ella.

Uno de los serios errores que cometemos los maridos y las esposas es casarnos con la idea que alguien puede ser nuestra fuente de felicidad. Ningún ser humano puede llenar las expectativas de otro y si esperamos eso viviremos decepcionados.

Los seres humanos casi nunca estamos satisfechos. Los gordos quieren ser flacos, los altos bajos, los bajos altos, etc. Generalmente esperamos más de lo que recibimos. Existe un gran número de mujeres decepcionadas por sus exageradas expectativas porque esperan de sus maridos lo que ellos no pueden dar. La decepción de estas mujeres es lógica pues mientras más alto es lo que esperamos y más bajo lo que logramos, más grande es nuestro nivel de decepción.
Para poder aceptar el mundo de los hombres es necesario saber lo que podemos esperar de ellos, por eso es imprescindible conocerlos. Tristemente nuestra mente ha sido alimentada por información que ha llevado a la gente a formarse una imagen del hombre que es un mito. Existen algunas fuentes de influencia que mueven a las mujeres a tener expectativas exageradas:

## La influencia de la sociedad

A menudo los hombres somos muy estereotipados, es decir, casi nos describen a todos como hechos a la misma medida. Los medios de comunicación respaldan las imágenes de hombres bien parecidos, con cuerpos atléticos. Las películas nos muestran un prototipo inalcanzable para el hombre común y muchas mujeres compran la idea del romántico permanente, siempre galante y respetuoso. No existe el hombre que siempre cumple con todas sus obligaciones y que además nunca pasa por situaciones difíciles.

La verdad es que un hombre normal a veces no respeta, en ocasiones se calla, o habla, otras veces está de mal genio, cansado y no quiere hacer nada, por momentos está estresado, deprimido, a ratos de buen genio y a veces no. Pero lo mismo ocurre con las mujeres. Por supuesto que tanto el marido como la mujer deben aprender a tener control para saber manejar sus cambios en el estado de ánimo.

## La influencia de la familia

Alguien dijo que los seres humanos somos los buses en los que viajan nuestros antepasados. Todos llegamos a este mundo con ciertos rasgos característicos que nos diferencian de las demás personas, pero a la vez todos recibimos influencia de los miembros de la familia en la que nacemos y nos criamos.

Algunas mujeres que tuvieron un padre demasiado exigente, ahora prefieren que sus maridos sean impávidos. Otras mujeres preferirían que sus maridos hablen mucho pues a sus padres no les sacaban palabra. Lo que hicieron o no hicieron nuestros padres nos lleva a anhelar o rechazar ciertos comportamientos y nos sentimos frustrados cuando no lo conseguimos.

La falta de una imagen paternal con autoridad llevó a Celia a desear que en su matrimonio ocurriera lo contrario. Ella era una mujer extrovertida y dinámica. Aun en la escuela de sus hijos ya pertenecía a la directiva del centro de padres y había tomado el liderazgo. Debido a que los opuestos se atraen, Celia, la mujer "Huracán" se casó con el típico hombre con actitud de "Hippie". Manuel se acomodó fácilmente a ese estilo de relación matrimonial pues al haber sido introvertido y tímido y criado por padres autoritarios y dominantes, siempre fue manejado y subyugado. Celia esperaba que Manuel actuara como líder y con autoridad pues su padre nunca lo hizo, pero se encontró con un Manuel que estaba dispuesto a seguir siendo dominado. Las falsas expectativas de ambos les llevaron a rechazarse mutuamente.

Cuando intenté que Celia conociera lo que es un hombre y Manuel comprendiera lo que era una mujer encontré una gran oposición pues ambos creían que se conocían, pero la errónea influencia familiar los preparó para tener expectativas tan exageradas que ninguno de los dos serían capaces de cumplir.

*"Por esperar de los hombres algo que no fué diseñado para dar, existen muchas mujeres decepcionadas. Toda esposa que tenga una expectativa exagerada vivirá decepcionada".*

## El obstáculo de las diferencias

Uno de los obstáculos difíciles de superar es la no comprensión ni aceptación de las diferencias. Todos sabemos que los hombres no son mujeres, pero a muchas mujeres les cuesta aceptar en la realidad que aun la forma de ver la vida que tienen los hombres y sus reacciones ante las mismas circunstancias puedan ser tan diferentes.
Los hombres no podemos ver la vida como una mujer, ni sentir y pensar como ellas. La gran mayoría esperan lo que consideran lógico, que el hombre sienta lo que ella siente, pero eso no es real.

Toda pareja vivirá temporadas de antagonismo y decepción al darse cuenta de lo distintas que son, cuando concluyen que existen tantas diferencias algunas mujeres se sienten decepcionadas y piensan: *"Somos blanco y negro y nos debemos separar"* o *"Somos demasiado incompatibles y nos debemos divorciar"*. La verdad es que sí somos demasiado diferentes como para poder vivir en armonía sin estudiar bien el mundo de las diferencias, tener una buena actitud, y tomar la determinación de aprender a vivir con ellas como parte de la relación.

En muchas ocasiones en las que los cónyuges no pueden vivir en armonía por sus diferencias, les motivo a realizar serias decisiones y les presento sus únicas opciones. A las esposas decepcionadas por lo diferentes que son sus maridos les presento las siguientes cuatro opciones:

### *Viviremos juntos, pero como yo quiero*

Después de una seria lucha de poder y cuando uno de los cónyuges se impone, deciden esta forma tiránica de relacionarse. Como pareja siguen juntos, pero en una relación afectiva enferma, que destruye. La fuerza motriz de esta posición es el egocentrismo y el egoísmo del corazón de la persona que exige que las cosas se hagan de la manera que ella lo plantea. Esta relación es extrema y nunca conduce a vivir una vida realizada.

Continuar la relación viviendo juntos, pero imponiendo en gran medida la voluntad de uno es producto de la determinación a satisfacer sus propias necesidades y no considerar muchas de las que son esenciales de su cónyuge. Lamentablemente ésta es la situación que viven muchos hogares y generalmente ocurre cuando uno o ambos cónyuges se sienten amenazados por las diferencias, no pueden aceptarlas, no saben vivir con ellas, y determinan cambiar a la otra persona.

Debido a la actitud impositiva de uno de los cónyuges y el no haber aprendido a vivir en unidad considerándose y respetándose mutuamente, los cónyuges siguen conviviendo en la misma casa, pero no existe una relación sabia que produzca un hogar fraterno y saludable. Debido a este rechazo o inhabilidad de percibir y comprender el dolor que experimentan los demás y su oposición a desarrollar una relación de respeto mutuo, siguen viviendo juntos, pero como uno de ellos quiere.

*"Debido a la actitud tiránica de un esposo o una mujer dominante, y después de experimentar una permanente lucha de poder, algunos cónyuges determinan seguir juntos, pero en una relación controladora que irrespeta las necesidades, metas y planes de uno o ambos y se desarrolla como una relación despótica y dictatorial que impide tener una sensible y amorosa relación conyugal".*

## *Viviremos juntos, pero no unidos*

Una mujer me decía: *"Ya me di cuenta que no puedo cambiarlo, pero por mis hijos seguiré junto a él, aunque no tendré relaciones, pues rechazo como es él".* Esta es una posición de rendición que adopta la persona. Esta esposa se dio por vencida pues no supo lidiar con el conflicto y al adoptar esta posición experimentará frustración permanente.

Estas personas se convencen que las diferencias y los conflictos son demasiado grandes como para poder vivir una vida normal, pero no tan grandes como para terminar completamente la relación matrimonial. Deciden seguir viviendo juntas, pero cada uno decide tomar sus propias decisiones y elegir sus propias actividades. Generalmente, cuando son uniones con hijos, los padres se resisten a dejar en ellos las marcas de un divorcio y determinan no acabar el matrimonio y seguir con esta enferma relación.

Los cónyuges viven como un matrimonio normal, pero procuran la mayor independencia posible, buscando cumplir su voluntad en la mayoría de las cosas y uniendo sus intereses solo en lo que es indispensable.

La pareja, poco a poco va perdiendo las cosas que tenían en común y dejan de tener temas de conversación pues no quieren desarrollar la relación. Estos matrimonios viven en la incertidumbre. No saben que vendrá mañana y la independencia que parecía saludable para poder vivir con sus respectivas diferencias se va convirtiendo en un sistema de aislamiento. Las diferencias se ahondan, no se suavizan, la independencia los aleja, no los acerca, el matrimonio se va destruyendo, no construyendo. Vivir así no es buscar una solución, es seguir una errónea opción.

*"Los cónyuges que deciden vivir juntos, pero no unidos, se convencen que las diferencias que tienen y los constantes conflictos que experimentan son demasiado grandes como para poder vivir una vida matrimonial normal, pero no tan grandes como para terminar completamente la relación conyugal. Por esta errónea decisión viven en un estado permanente de frustración".*

## *Viviremos separados por las diferencias*

Luz María respondió agresivamente a su esposo en la primera sesión de asesoramiento que asistieron. Erick se había ido al extremo de minimizar el efecto que producen las diferencias en la relación conyugal. Para él, la realidad de las diferencias eran casi su escudo protector contra los ataques. Cada vez que Luz María insistía en que se entendiera su punto de vista, él le decía: *"Recuerda que venimos de familias distintas y somos personas diferentes, por lo tanto, tú piensa lo que quieras mientras yo pienso lo que quiero".* Luz María odiaba esas respuestas. Era obvio que su esposo siempre se salía con la suya.

Erick había visto la situación muy grave. Él buscó mi ayuda y le pidió a su esposa que le diera la ultima oportunidad. Él aceptaría lo que ella tantas veces le había pedido.

Por eso buscó asesoramiento. En la primera sesión que asistieron y en el momento en que él mencionaba que tenían grandes diferencias que no podía cambiar, Luz María ni lo dejó terminar y agregó: *"Tenemos grandes desacuerdos que no quiere cambiar, pero yo los puedo terminar"*. No quiso seguir conversando y se despidió solicitando una cita para hablar a solas conmigo. La solución que llego a su mente fue el divorcio.

Resentirse y no querer aceptar las diferencias es el resultado de una actitud terca de dos personas que no están dispuestas a aprender y a realizar los cambios que son indispensables. Divorciarse por las diferencias es tan ridículo como querer casarse con un robot. No viviremos en una relación saludable si no aprendemos a vivir con las diferencias o si queremos que la otra persona haga o diga lo que nosotros queremos, piense lo que deseamos y sienta lo que experimentamos.

Las personas que se quieren divorciar por las diferencias que tienen como esposos, ignoran la realidad que al volverse a casar, tendrán que relacionarse con una persona diferente y aunque tengan un periodo de luna de miel y pasen una temporada en que por la ilusión y las emociones que experimentan se ignoren o se suavicen las diferencias, tarde o temprano volverán a luchar con el mismo problema que provocó la determinación de divorciarse en la relación anterior.

*"Separarse por las diferencias es tan erróneo como creer que puede encontrar una persona igual. Las diferencias no impiden una excelente relación conyugal, sino la mala actitud y el rechazo a convivir con el mayor amor y respeto posible, esto hace que la vida matrimonial saludable sea imposible".*

## Aprenderemos a vivir con las diferencias

Si no podemos cambiarnos mutuamente, si todas las personas son distintas, si las diferencias no son malas, entonces, el camino de la sabiduría es aprender sobre las que tenemos los distintos géneros, debemos determinar cambiar lo que es razonable y apropiado, y aceptar lo que es imposible modificar en cada persona ya que cualquier intento de cambio afectaría el normal desarrollo de su personalidad.

El éxito de la relación conyugal consiste en aceptarnos tal como somos. Ninguna persona debe intentar cambiar a su cónyuge pues perderá su tiempo si lo hace. Mas bien cada uno, por sí solo debe determinar hacer todos los ajustes que sean indispensables para tener una relación matrimonial saludable. Estos cambios cumplirán su propósito cuando se tomen en cuenta las necesidades propias y las de su cónyuge y cuando el fundamento para los cambios no es la opinión de terceros, sino la opinión del que creó la relación matrimonial, que es Dios, cuyo consejo siempre busca el bien de los hombres y mujeres, aunque a veces no encaje en nuestra manera de pensar.

Es muy común que las personas luchen con dos opciones dentro de la vida matrimonial. Una opción que algunos toman es anular gran parte de su "yo" y tratar de agradar al "tú". Estos se convierten en extensiones de sus cónyuges y su vida gira por voluntad propia o por imposición en torno a la vida del otro. Una opción que utilizan quienes deciden enfatizar en su "yo" es ignorar gran parte de los deseos y metas de su cónyuge, ellos desconocen el "tú". Estos adoptan un estilo dominante que ignora las necesidades ajenas.

Tristemente pocos piensan y acogen la tercera opción que es interesarse con sabiduría por atender sus necesidades personales, estudiar las diferencias y preocuparse de las necesidades de su cónyuge. Esto le ayuda a ocuparse de usted como persona única y mantener su identidad y le impide convertirse en un camaleón que se ajusta siempre a su medio ambiente. Aprender a vivir respetando las diferencias es la única forma de mantener una relación que produce realización y permite que cada cónyuge alcance su desarrollo personal con excelencia.

*"El éxito de la relación conyugal depende de aceptarnos tal como somos, tener un equilibrio saludable entre el compromiso y esfuerzo por satisfacer nuestras necesidades, y ayudar a nuestro cónyuge a lograr con excelencia sus metas personales, apoyándole con sabiduría y diligencia".*

## El obstáculo de los traumas del pasado

Las mujeres que se han relacionado con hombres que actuaron erróneamente y recibieron un trato destructivo, llevan marcas producidas por esas relaciones no saludables. Esas heridas que permanecen abiertas les impiden conocer el mundo de los hombres pues están marcadas por el lado oscuro de los hombres que han conocido. A ellas les es difícil ver el bien y viven en un constante mundo de sospechas.

Las mujeres que no pueden conocer bien a los hombres y relacionarse sabiamente con ellos por las experiencias traumáticas del pasado necesitan orientación para aprender a enfrentar la realidad. Desde los niños hasta los adultos protestamos por la dolorosa realidad. Nos lastima el daño causado, las experiencias y personas involucradas, las cuales nos producen rechazo. Nos molesta la disciplina, y las leyes que limitan, pero al final tenemos la posibilidad de entender que son necesarias. Nos fastidia el abuso, nos marca y al final, si no sabemos manejarlo, nos limita e impide tener relaciones saludables.

Nuestra protesta por el dolor de la realidad no cambia nada. Finalmente tenemos que aprender a enfrentar la realidad. La persona abusada debe entender que fue una experiencia del pasado, que no pudo o supo manejar, pero hoy es el presente y la persona comete una grave equivocación si no lo hace sabiamente.

*"Las experiencias traumáticas del pasado afectan nuestro presente, pero no tienen porque afectar nuestro futuro si buscamos ayuda para aprender a manejarlas con buen conocimiento e inteligencia.*
*Si la persona no supo o no pudo evitar la experiencia traumática, comete un grave error si determina utilizar las mismas herramientas que no le han podido ayudar".*

## Mabel: los efectos de los traumas

Mabel fue abusada sexualmente por su padrastro por más de cinco años. Por esto, ella no solo tuvo serias dificultades para encontrar y mantener una relación de noviazgo, sino que, además, tuvo serios problemas para comenzar su vida sexual dentro del matrimonio.

Mabel estaba traumatizada y lo había comprobado en cada relación. Aunque le costaba iniciar una relación, cuando la encontraba, ella no solo inconscientemente caía en relaciones enfermas, sino que las mantenía a pesar del daño que sufría.

Al buscar mi asesoramiento experimentaba graves problemas en su relación conyugal. No podía aceptar que su esposo la acariciara en sus partes íntimas. Se molestaba y rechazaba a su esposo. Obvio, eso era precisamente lo que más hacia su padrastro. Mabel no podía entender porque su esposo tenía que acariciarla así. Hasta podía aceptar tener relaciones sexuales, pero esas caricias las veía como innecesarias y repulsivas. Ella no había compartido estas experiencias traumáticas del pasado con su marido y él no sólo estaba confundido, sino también molesto por el rechazo de su esposa. Las experiencias dolorosas de Mabel le impedían entender que su esposo no solo tenía pleno derecho a realizar esas caricias sino que, además, eran necesarias para su proceso de preparación.

La historia de Mabel no solo se repite en muchas mujeres, sino que existen otras experiencias de abuso, maltrato y relaciones enfermas que las dejan marcadas y se constituyen en un obstáculo que debe ser vencido para relacionarse con los hombres. Quienes fueron engañadas y tuvieron cualquier tipo de experiencia traumática con otro hombre, quienes sufrieron la infidelidad, la violencia, o el desprecio, producido por un padrastro, un amigo, un novio, un hermano o cualquier otra persona, tendrán serios obstáculos para aceptar conductas que aunque sean apropiadas y permitidas en el matrimonio, fueron dañinas antes de la relación conyugal.

*"Para poder tener una relación conyugal caracterizada por el cariño, el respeto y el amor, es necesario saber sortear una serie de obstáculos, que si no son superados, no nos permiten disfrutar de una relación adecuada. Las barreras en nuestra búsqueda de la excelencia no son problemas que nos deben decepcionar, sino oportunidades que debemos aprovechar".*

## ...CAPÍTULO 4...

*"Con una buena comprensión, oportuno manejo y excelente actitud, las diferencias sirven para ayudarse mutuamente, pero cuando la esposa las ve como un enemigo que debe vencer, vivirá frustrada, producirá desilusión y destruirá su relación conyugal lentamente".*

# 4
# Conozca cuán diferente es su esposo

Las diferencias entre un hombre y una mujer no tienen porque convertirse en armas destructivas o elementos de división de la unidad conyugal. Todo lo contrario, las metas más grandiosas de la vida matrimonial se alcanzan cuando los esposos están dispuestos a aprovechar sus diferencias para complementarse y ayudarse mutuamente y no las utilizan para atacarse constantemente. El matrimonio funciona al estilo divino cuando con mucha sabiduría la esposa aprovecha de las fortalezas de su esposo para recibir ayuda en sus debilidades. La relación avanza bien cuando los cónyuges ven sus diferencias como un aporte necesario para ayudarse en sus debilidades y apoyarse para enfrentar los desafíos y metas que anhelan lograr en su vida matrimonial.

Dios nos hizo distintos y algunas de estas diferencias nunca se acabarán. Algunas de ellas deben ser rechazadas y abandonadas lo antes posible porque es imposible mantenerlas y vivir en armonía, pero la mayoría no tienen porque ser despreciadas, todo lo contrario deben preservarse porque son fortalezas que sirven como mejor complemento a las debilidades de nuestro cónyuge. La esposa sabia debe conocer a su esposo, comprender cuales son las diferencias que Dios planificó para el bien mutuo y cuales debe esperar que su marido cambie, además debe convertirse en una buena motivadora para que él reciba el incentivo y elija actuar diferente.

## El maravilloso mundo de las diferencias

Desde el momento en que Adán siguió el ejemplo de Eva en el Jardín del Edén, nunca ha sido tan difícil ser un hombre como Dios quiere que seamos. Hoy es más fácil ser un "don Juan", un adúltero, o un irresponsable, que vivir conforme al deseo divino el cual demanda preparación, determinación y mucho sacrificio.

Actualmente experimentamos las más serias tentaciones, por eso no solo necesitamos educar nuestra mente y aprender los más altos valores morales, sino que también necesitamos el apoyo de la mujer que nos ama y está dispuesta a confrontar nuestros errores y pecados con sabiduría, apoyarnos y motivarnos con inteligencia cuando acertamos. De ninguna manera creo que la mujer debe ser indiferente o actuar como ingenua, mucho menos que consienta lo que un hombre equivocado anhela hacer, sino que comprenda bien su rol de esposa y tenga la determinación de vivir una vida de equilibrio. Se necesitan cónyuges que sepan amar de verdad porque muchos piensan que el amor es solo un sentimiento.

En el siguiente acróstico con la palabra amor comparto algunos elementos imprescindibles en la vida de una mujer que verdaderamente ama a su esposo:

### Con la letra "A" de la palabra AMOR, la esposa debe estar:

A *tenta a las necesidades integrales de su esposo.*
Su pareja tiene necesidades físicas, emocionales y espirituales igual que usted. Espiritualmente necesita tener una relación con Dios y ninguna mujer tiene el derecho de impedirla. He escuchado a hombres cristianos compartir su frustración porque sus esposas se oponen a que desarrolle su vida religiosa y nadie tiene el derecho de impedirla. Cada persona es libre de elegir su religión y quien

elige vivir como un cristiano debe tener la libertad de hacerlo. Si él no está viviendo con los valores que el cristianismo demanda y eso perjudica la relación matrimonial o si por dedicarse a actividades de su congregación, la persona no está cumpliendo con sus obligaciones familiares con sabiduría, la esposa tiene todo el derecho de confrontar la situación.

Emocionalmente, aunque los hombres tenemos más problemas para mostrar nuestros sentimientos y actuemos como más insensibles, sufrimos igual y necesitamos el cariño y aprecio de nuestras esposas. Anhelamos su comprensión cuando estamos cansados, apoyo y motivación cuando hemos pasado por situaciones conflictivas. Igual que una mujer, no siempre estamos listos a recibir las críticas, en ocasiones queremos pasar un momento solos y a veces no deseamos conversar sobre determinadas situaciones. Físicamente, necesitamos caricias y demostraciones de afecto, como ellas.

*"La esposa que desea obedecer a Dios y cumplir el diseño original para la relación conyugal debe estar atenta para suplir las necesidades de su esposo con eficiencia, tal como él debe tener el compromiso de satisfacer las necesidades integrales de su esposa con excelencia. Cuando ambos están preocupados de cumplir eficientemente sus obligaciones, serán beneficiados, disfrutarán de una hermosa relación conyugal y tendrán todo el potencial para vivir realizados".*

## Con la letra "M" de la palabra AMOR
## el hombre necesita una:

**M**ujer *que sepa amar:* Amar incluye no solo sentimientos. Es una decisión de actuar y responder correctamente en una relación con otra persona. El amor va más allá de la vanidad que podemos sentir por el ser que es parte de nuestra vida, más allá de la química que nos une.

Es aceptar a nuestro cónyuge tal como es, apoyar lo que es bueno de acuerdo a los principios divinos y rechazar lo que es malo para el otro y la relación conyugal. Es honrar sus planes sabios y metas adecuadas. El amor autentico nos permite conocer bien los topes adecuados dentro de los cuales vivimos. Limites que nos permiten hacer lo bueno y evitar lo malo para otros y nosotros. El amor autentico nos lleva a preguntar y juzgar con todos los elementos de juicio posible para no llegar a conclusiones sin conocer la realidad. El amor nos lleva a buscar soluciones, a discutir los problemas pensando en el bien de todos y no a pelear, discutir, herir sentimientos o maltratar.

*"La mujer que ama a su esposo no se relaciona con él basada en sus sentimientos pues estos son transitorios y variables, mas bien fundamenta su relación en las ordenanzas divinas que son fijas, incambiables y siempre saludables".*

## Con la letra "O" de la palabra AMOR la mujer que ama a su esposo debe:

**O***rganizar con inteligencia su mundo femenino:* La relación que cada persona tiene con si misma es esencial. Saber cuidar su vida y buscar la satisfacción de sus necesidades sabiamente, es vital para el bienestar personal. El mundo femenino es muy variable y eso crea un conflicto en la relación con su esposo. Las mujeres son tan sensibles que se pueden convertir en hipersensibles.

Ellas están tan preocupadas por el bienestar de su familia que pueden convertirse en sobre protectoras. Les afectan tanto las tensiones, el estrés y los conflictos que puede pasar por constantes temporadas de depresión. Son afectadas por su menstruación, por lo tanto, cada mes pueden pasar por un periodo de cambios, sensibilidad, agotamiento, ansiedad, etc. y por ello provocar en su relación matrimonial mucha tensión. Por eso es imprescindible que la mujer que quiere conocer y amar a su esposo, entienda que sus cambios e hipersensibilidad producen una seria confusión en la vida de su cónyuge, la cual es práctica y muy calculada. El hombre se molesta y confunde cuando se da cuenta que su esposa en lugar de enfocarse en las cosas importantes, lo hace en lo secundario y vive en un mundo cambiante debido a que no sabe manejar con excelencia las situaciones propias e incambiables del mundo femenino.

*"La esposa que conoce y ama a su marido no modifica la calidad de su relación por los cambios que ella experimenta regularmente. Ella con sabiduría toma la decisión de no dejar de relacionarse con amor y respetuosamente, a pesar de las situaciones que le presionan constantemente".*

## Con la letra "R" de la palabra AMOR, una mujer que desea conocer a su esposo debe:

**R**  *espetar y aceptar con gracia las diferencias.*
Quiero que lea sobre las diferencias con la intención de entender y aceptar lo incambiable.
Se que esto será mas fácil que para los varones que lean mi libro *¿Conoce usted a su Esposa?*, pues generalmente los hombres creemos tener todo nuestro mundo en orden y no necesitar ayuda de nadie. En raras ocasiones son los primeros en buscar consejo matrimonial, la mujer en cambio, tiende a buscar ayuda aun con personas que solo pueden escucharle, pero no ayudarle.

La mujer busca al consejero pues se siente angustiada y piensa que su matrimonio la está volviendo loca. El hombre busca ayuda porque se siente presionado y cree que su mujer lo está enloqueciendo.

Para que usted pueda comprender el mundo del hombre es importante comprender las diferencias y permítame compartir algunas verdades importantes:

## *El deber de conocer las diferencias*

Debido a que el hombre y la mujer son dos mundos totalmente diferentes es necesario que entremos en ese maravilloso mundo y lo estudiemos profundamente. Para que se den las bases para la armonía en la relación matrimonial es indispensable que tanto el hombre como la mujer se conozcan de la forma como Dios los creó. El conocerse mutuamente no es deseable sino indispensable.

El movimiento feminista no ha cesado en su intento de hacer creer a la gente que hombres y mujeres somos idénticos, excepto por la capacidad de tener hijos. El movimiento homosexual, en cambio, no cesa en su intento de hacernos creer que dicha tendencia es prácticamente otro sexo y que la mayoría de ellos son homosexuales por inclinación irreversible y no por elección posible. Ninguna de esas teorías puede estar más lejos de la verdad que estudiamos en la Biblia. Dios creó a su esposo como hombre con determinadas características que le hacen único y que si usted desea mantener una relación de armonía, tendrá que conocerlas profundamente.

## *Diferencias cerebrales*

Los estudios indican que las diferencias básicas entre los sexos tienen origen neurológico. Las diferencias no son puramente culturales o solo materia de elección y medio ambiente como algunos piensan. La realidad nos muestra y todos somos testigos que los niños y las niñas responden de una manera muy distinta ante situaciones similares. Existen personas que creen que si las prácticas para criar a nuestros hijos fueran similares, tanto para varones como para las niñas, y elimináramos los estereotipos que tienen los sexos, la gran mayoría de estas diferencias desaparecerían, pero la verdad es que Dios nos hizo completamente distintos y actuaremos de esa forma aunque seamos criados de la misma manera.

## Capítulo 4

El Doctor Richard Restak en su libro ***The Brain: The last frontier***, dice: *"Una reciente investigación psicológica indica que muchas de las diferencias en la función cerebral entre los sexos son innatas, determinadas biológicamente y relativamente resistentes a cambiar por las influencias de la cultura"*. (Página 167). Su investigación le llevó a examinar el trabajo del doctor David Wechsler, creador de la prueba de inteligencia para el uso entre los adultos y cita textualmente lo que este investigador escribió: *"...el resultado de nuestras investigaciones confirma lo que poetas y novelistas a menudo han declarado, y que el hombre común ha creído por mucho tiempo, a saber, que los hombres no sólo se conducen de manera diferente, sino que piensan de manera diferente que las mujeres"*. (Página 206).

Aunque algunas no lo crean, pensamos diferente por lo que no podemos ser obligados a pensar como mujer. Así no acepte que ante un mismo evento, o circunstancia, su esposo piense tan diferente, esa es la realidad y no la puede evitar. Rebelarse contra la forma de pensar de su cónyuge, es un serio error. No aceptar que él tenga formas distintas de realizar una misma tarea y pelear y discutir por ello, no solo es una reacción infantil, sino que también destruye las buenas relaciones.

Dios nos creó varón y mujer. Aunque algunos se hagan operaciones de cambio de sexo y alteren sus órganos genitales externos. Otros usen siliconas para agrandar sus pechos, se inyecten hormonas para feminizar o masculinizar a la persona, nada pueden hacerse para cambiar la asignación del sexo que Dios determinó.

Dios no diseñó tres sexos, tampoco hizo uno solo, recuerde que formó dos sexos y nos creó varón y hembra con grandes diferencias, no solo físicas, sino también emocionales, sexuales, bioquímicas y psicológicas y el hecho de comunicarnos en forma distinta es producto de que pensamos diferente.

Cada sexo tiene un patrón único de cromosomas y esto de ninguna manera significa inferioridad o superioridad de un género en contraste con el otro. No significa que uno sea mejor o peor, solo que somos distintos. Es cierto que existen algunas diferencias que son producidas por la cultura. Pero no tienen mayor incidencia en lo que la persona piensa de su sexo.

*"Las esposas que desean conocer a sus esposos con el propósito de comprenderlos mejor, deben entender que los hombres no actúan de manera distinta solo porque han sido influenciados culturalmente, sino que actúan así pues fueron diseñados por Dios para que aun piensen diferente".*

## *Diferente tendencia en los roles*

Normalmente el hombre tiende a ejercer autoridad aunque no siempre sepa como hacerlo o a veces haya entendido mal su función.

En nuestra sociedad las familias se han orientado al estilo patriarcal, o sea, paternalista. A excepción de ciertas culturas indígenas hemos sido una sociedad monógama. En la práctica, en esta estructura de familia, el padre ha sido la cabeza del hogar, seguido del hijo mayor y los varones menores en orden de edad, luego vienen la esposa y las hijas en el mismo orden.

De acuerdo con este estilo de familia, la autoridad del padre es absoluta. El hombre es el responsable de la provisión económica y cabeza de su hogar. Tradicionalmente él ha decidido, mandado, y dictaminado ejerciendo un poder exclusivo. En muchos hogares su poder sigue siendo excesivo. En este sistema la mujer se ha mantenido callada y muchas veces subyugada y se ha limitado más a su función de cocinar y cuidar de los hijos, pero siempre ha tenido una influencia considerable y digna de reconocimiento.

## Capítulo 4

Los movimientos feministas han luchado para sacar a la mujer de la explotación, el maltrato y las injustas normas de la sociedad, pero su motivación no ha sido la mejor, ni sus argumentos son bíblicos. Esto ha llevado a que muchas mujeres se hayan ido al otro extremo e intenten creer que son iguales al hombre. Los hombres y las mujeres somos diferentes, aunque tenemos la misma dignidad y debemos tener las mismas oportunidades y derechos. Es cierto que la mujer debe tener los mismos derechos y recibir el mismo trato de respeto e igualdad, pero sigue siendo una persona creada muy diferente al hombre.

Una esposa que intenta conocer a su esposo y vivir con las diferencias debe entender que aunque son diferentes y tienen el mismo valor e importancia delante de Dios, Él también ha diseñado un orden jerárquico en el que ha entregado la autoridad al hombre para ejercerla con amor y respeto y no siguiendo las ideas humanas de dominio, sino imitando el ejemplo y consejo divino de liderazgo.

En el Nuevo Testamento, Pablo amplifica las enseñanzas de Cristo, quien como nunca antes y en ninguna cultura le devuelve a la mujer el lugar de importancia que tiene delante de Dios y debe evidenciarse delante de los hombres. Pablo instruye a los cristianos sobre la adopción de un sistema patriarcal modificado en donde la esposa y los hijos deben ser tenidos en la más alta estima. El hombre debe amar a la mujer de la forma que una persona cuerda y bien equilibrada se ama a sí misma. Compara al matrimonio con la relación espiritual entre Cristo y su iglesia. El Cristo que sirve, guía, y se preocupa por satisfacer las necesidades de la iglesia. El Cristo que ejerce autoridad sin caer en el autoritarismo.

En este sistema el esposo tiene que reconocer que la persona más importante en esta tierra debe ser su esposa y de la misma manera, para la esposa no debe existir ninguna persona más importante que su esposo, ni siquiera los hijos. Aunque el rol de la esposa ha cambiado y muchas no solo tienen que dedicarse a las labores domesticas, sino también se han convertido en compañeras y socias para obtener el sustento del hogar, la estructura familiar de acuerdo a los mandatos divinos no ha cambiado.

La familia debe ser concebida como un sistema igualitario. Cada uno aporta igualmente y de acuerdo a su rol y madurez al funcionamiento normal de la familia. Los esposos en mutua cooperación y compromiso y tomando en cuenta las necesidades integrales de sus hijos, escuchando y discerniendo sus opiniones, se esfuerzan por tomar decisiones en conjunto.

Sin embargo, en toda organización debe existir una línea de autoridad. Alguien debe tomar el liderazgo de acuerdo a las condiciones descritas anteriormente. Es allí donde el papel del hombre es de suma importancia. Las esposas deben comprender que el hombre no ha elegido el papel de líder, sino que fue designado por Dios para cumplirlo pese a que muchos no sepan, no quieran o no tengan la intención de ejercer su función como ha sido diseñada.

El hombre en forma natural tiene inclinación a asumir el mando, aunque no todos aceptan las responsabilidades que esto implica. El hombre tiende a tomar la autoridad aunque por ignorancia, conveniencia o mala formación la confunda con el autoritarismo. Una mujer sabia debe constituirse en el apoyo más importante de su marido. Debe amarlo y apoyarlo aunque no ciegamente. Nunca debe aceptar el autoritarismo pero tampoco debe ignorar y rechazar la autoridad. No debe aceptar la subyugación, ni confundir el amor con una actitud de temor o conformismo, pero tampoco tiene el derecho de rechazar la orden divina de actuar con sumisión. No debe rebelarse ni participar en una lucha de poder, pero debe confrontar el error y los pecados con amor y justicia.

## Capítulo 4

La esposa que desea cumplir el modelo divino debe ser una ayuda idónea para él. Debe expresar sus opiniones con libertad sin actuar con agresividad. Motivar y en ciertos casos exigir que el hombre aprenda acerca de su papel como autoridad del hogar, pero no debe intentar cambiarlo. La mujer debe hacer conocer sus desacuerdos e identificar con sabiduría los errores que el hombre comete en su liderazgo. Le guste o no a la mujer dominante y rebelde, el hombre está obligado a dirigir a su familia según el consejo divino, y para ello debe prepararse, recibir instrucción y actuar con amor y respeto. Le guste o no al hombre machista, cuando actúa como tirano pierde su autoridad, obra en rebelión y destruye a su esposa y familia.

En un hogar dominado por una mujer prevalece un estilo de vida antinatural. El hombre que permite esta anormalidad por su pasividad o abandono de sus responsabilidades producirá un hogar con un funcionamiento anormal. La mujer que logra tener dominio e irrespetar al hombre crea un sistema de familia que no se ajusta al modelo bíblico.
El liderazgo del hombre no debe ser sinónimo de tiranía, sino de servicio con humildad y diligencia. Su posición no debe ser una puerta abierta para actuar con autoritarismo, sino una gran oportunidad de ejercer su misión con respeto y sabiduría.

Si en un hogar no existe orden, organización, estructura y línea de autoridad, la familia vive en la anarquía. Las mismas consecuencias tendrían un país o una empresa cuyo presidente pretende dirigir sin sujeción a conceptos administrativos saludables teniendo en mente no solo el éxito de la compañía, sino también de los individuos que la componen. La línea de autoridad en una nación o empresa no está establecida con el propósito de despreciar a los subalternos. No se eligen directores, gerentes, o supervisores para despreciar a los demás o ignorar los sentimientos de la gente, sino para que exista organización.

Dios no se equivocó al determinar que el hombre sea el líder y guíe a su familia siguiendo su consejo divino y sometido a los valores bíblicos y sus instrucciones.

*"Aunque el marido y la esposa son iguales delante de Dios y tienen los mismos derechos, ellos fueron creados sabiamente para cumplir roles diferentes que se complementan eficientemente. Dios creó una estructura de familia bien organizada y cuando ambos cumplen sus funciones con dedicación, determinación y consistencia pueden tener una relación conyugal con excelencia".*

## *Diferentes formas primarias de aumentar su estima*

Debido a que una de las formas más importantes de aumento de nuestra auto estima son los logros que alcanzamos en la vida, los varones tenemos serios problemas para establecer equilibradamente nuestras prioridades pues existe una competencia acentuada entre el empleo y nuestro hogar. Generalmente y en forma natural el hombre desea alcanzar grandes logros, y aunque no planifica alejarse de su familia, le es muy difícil mantener el equilibrio en sus prioridades.

Por otra parte, debido a que la mujer aumenta su autoestima primariamente por la relación romántica que necesita, al no pasar tiempo de calidad con su esposo y notar que su prioridad es el trabajo, comienza a resentirse y rechaza ese sistema de vida. Esto se lo dice alguien que tiene un gran compromiso con la excelencia, que ama los desafíos y alcanzar nuevos logros, pero que a la vez ama a su esposa e hijos. Ésta ha sido una dura batalla que he tenido que pelear. Por muchos años la perdí demostrando con mis actuaciones que era más importante el trabajo que mi familia, pero he realizado grandes esfuerzos para poner en orden mis prioridades.

## Capítulo 4

Por ello, se requiere de evaluaciones constantes, un compromiso fuerte con la familia, buenos valores filiales y gran determinación para evitar que la balanza se incline drásticamente en dirección a nuestro trabajo. Por otra parte, la esposa necesita respeto por la responsabilidad con que actúa su marido, por su dedicación a ser un buen proveedor, debe estimularlo en sus aciertos, agradecer su apoyo y también, tener sabiduría para confrontar los errores y tacto para comunicar sus desacuerdos y decepciones.

No existe un error más fácil de cometer que este. Porque en nuestro afán por dar lo mejor a nuestra familia, incluso a expensas de ignorar algunas de nuestras necesidades podemos caer en la trampa de vivir una vida excesivamente involucrada. Muchos hombres caen en la trampa de convertirse en excelentes proveedores económicos, pero se olvidan de suplir también para las necesidades emocionales y espirituales de su familia. Por otra parte, el error más fácil que cometen las esposas es convertirse en críticas permanentes y utilizar enojos, maltrato o insultos para tratar de cambiar las actitudes erróneas o el descuido de sus esposos.

El hombre necesita sentir que en su hogar también es reconocido. No solo debe escuchar regaños por sus errores sino también expresiones de gratitud y el reconocimiento por sus aciertos y dedicación al bienestar de su familia. Cuando una mujer le dice a su marido que no sirve como padre de familia porque no está cumpliendo en algunas áreas importantes, le está diciendo que todo lo bueno que él hace, no sirve para nada. Recuerde que la forma como ha actuado le ha hecho creer que él es un buen padre y esposo.

Muchas mujeres al inicio de la vida conyugal se sintieron felices porque el hombre trabajaba muy fuerte para que existiera una buena fuente de ingresos que les permitiera tener una mejor casa, muebles, automóvil, ropa y joyas. El hombre en forma natural es propenso a dar más cosas que tiempo o más dinero que cariño y cuando se da cuenta que es aceptado así por su esposa, porque le encantan esas cosas, es motivado a perpetuar este estilo de relación y lo seguirá haciendo mientras no piense que debe hacer algo diferente. El otro lado de la moneda es que la esposa poco a poco se ira cansando de las cosas que provee el esposo y anhelará cada vez más al hombre que provee las cosas, para poder encontrar la solución a esa forma errónea de relacionarse, ambos deben ser honestos y concluir que fueron culpables y necesitan encontrar la solución. Poco a poco, tanto la esposa como el marido cambian sus gustos y necesidades y deben saber manejar la frustración que experimentan por los errores cometidos.

*"Cuando la esposa se da cuenta que su marido es diferente, y por ello determina conocerlo y actuar sabiamente frente a sus errores y aciertos, los cónyuges tienen toda la posibilidad de relacionarse de una forma tan adecuada, que no solo ella goce de paz sino que su esposo e hijos podrán disfrutar de una buena vida familiar".*

## ...CAPÍTULO 5...

*"Así como llegar al corazón de una mujer requiere conocimiento y trato con amor, respeto y dulzura, así también para llegar al corazón de un hombre se requiere conocerlo, tratarlo con amor, sabiduría, fortaleza y ternura".*

# 5
# Conozca cómo llegar al corazón de un hombre

El hombre, igual que todo ser humano necesita el amor, cariño y corrección de las personas que le rodean. Los hombres que hemos avanzado en nuestro camino a la madurez no solo lo hemos logrado por nuestro propio esfuerzo, sino también por el apoyo, el amor, las correcciones, el consejo, los enojos y las serias confrontaciones de nuestras esposas. La mujer puede ayudar inmensamente al hombre que está obrando equivocadamente, cuando utiliza las herramientas apropiadas, tiene una buena actitud y actúa con tacto.

Los gritos, el enojo sin control, las peleas y el maltrato, nunca cambian a las personas. Estas lo hacen cuando ellas así lo desean y siempre hay personas sabias que pueden motivar al cambio. Tengo el privilegio de haber participado por años en la renovación de las personas. He sido testigo de cómo hombres adúlteros, abusadores, violentos, divorciados, solteros, casados, jóvenes y ancianos, han cambiado. Ellos lo hicieron al leer uno de mis libros, al escuchar mis programas de radio o después de asistir a las conferencias. Nunca los maltrato, los grito, o los insulto. Sólo he compartido con ellos palabras de sabiduría y consejos que han llegado a su corazón. Algunos han ido solos, y por voluntad propia a una conferencia, por estar separados de sus esposas.

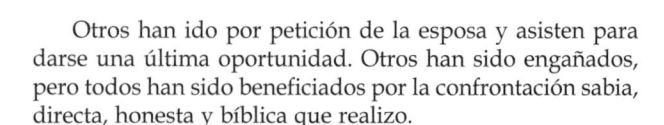

Otros han ido por petición de la esposa y asisten para darse una última oportunidad. Otros han sido engañados, pero todos han sido beneficiados por la confrontación sabia, directa, honesta y bíblica que realizo.

Germán asistió a mi conferencia en Chile. Al terminar mi charla, él y su esposa me contaron una historia peculiar. Tenían conflictos matrimoniales y ella estaba segura que al escuchar enseñanzas de orientación matrimonial, tendrían oportunidad de cambiar. Él había rechazado cada invitación pero no contaba con la inteligencia de su esposa. Ella le hizo una tentadora invitación que él no podía rechazar. María Fernanda lo invitó a tener una noche romántica. Le dijo que quería compartir con él un hotel donde tendrían una noche íntima muy especial. Debido a que el templo se encontraba en el centro de Santiago en donde existen hoteles pequeños y además, se debe entrar por un pasillo antes de ingresar al templo, él ni sospechó que iba entrando a la conferencia. Al final de mi charla, ambos se acercaron a agradecerme porque la conferencia les había dado justo el conocimiento que necesitaban.

No son los insultos o discusiones hirientes las que motivan al cambio. Eso incita a la rebelión y venganza. Lo que estimula a una persona a cambiar es la confrontación sabia y consistente, la explicación con tacto de la realidad, el diálogo sabio frente a un conflicto, la energía y fortaleza para enfrentar lo grave e hiriente, el perdón y la restauración cuando existe arrepentimiento.

Si usted quiere conocer más a su marido y llegar al corazón del hombre que ama, que como usted comete errores y pecados y a veces acepta su error y otras lo rechaza, le presento algunas sugerencias:

## Capítulo 5

# Comunique sus sentimientos y deseos con honestidad y tacto

Uno de los serios errores que cometen muchas esposas, es entrar en acaloradas discusiones, en su intento por hacer conocer lo que sienten. Tratar de comunicar que está triste, que le han herido o que está sufriendo con palabras duras o ataques personales lo único que produce es un rechazo. Como respuesta, el esposo o los hijos ni siquiera intentarán escuchar su sincera, pero enardecida e irritada comunicación. Los conflictos serán parte de la vida conyugal, por lo tanto, si usted realmente quiere llegar al corazón de su marido, aunque no lo logre en la primera o segunda, sino después de varias oportunidades, debe ser una persona que comunica sus sentimientos con honestidad y tacto.

Cuando note que existe un asunto que debe ser tratado con seriedad, diga a su cónyuge que necesita tener una conversación seria y formal con él. Determinen con anticipación el día, la hora y el lugar. Hagan un compromiso de prepararse para ese evento.

Prepárense física, emocional y espiritualmente. Comprométanse a no atacarse, a no levantar la voz, a no tomar decisiones sino solo a que usted tenga la libertad de expresar lo que siente. Para ello debe hablar de sus emociones y no de lo que él hace. Diga que se siente sola, no que la ha abandonado. Que se encuentra triste porque no puede compartir con la persona que más ama. Exprese sus sentimientos. Solo pida que él la escuche y que por escrito le entregue un plan de como pudiera ayudarle en estas necesidades de compañía, comunicación y ternura que usted tiene, y si estaría dispuesto a hacerlo.

No demande nada, solo exprese su sentir. Luego deben tener otra reunión donde él pueda presentarle la lista de sugerencias.

La mayoría de problemas en esta área del involucramiento excesivo del hombre se dan debido a la falta de comunicación apropiada. Tristemente con el paso del tiempo, ambos han ido asumiendo posturas diferentes. Tienen diversas suposiciones con respecto a lo que le gusta a cada cónyuge. Cada uno aprende a ordenar su agenda y planificar actividades de acuerdo a lo que le gusta, a lo que desea y a lo que cree que es mejor para la familia. Pero no siempre las ideas y planes están de acuerdo.

Los matrimonios nocivos están llenos de suposiciones diferentes. El hombre supone que está satisfaciendo las necesidades de los demás sacrificándose y dando lo máximo posible en términos económicos. Ella piensa que él debería ocuparse de satisfacer las necesidades de romanticismo, mientras él piensa que su papel es satisfacer las necesidades económicas.

*"Si la esposa trata de comunicar que está triste, que le han herido o está sufriendo, y para ello utiliza palabras duras o ataques personales, lo único que conseguirá es ser rechazada. Por la forma errónea como comunica su dolorosa situación, en respuesta, el esposo o los hijos ni siquiera intentaran escuchar su sincera, pero enardecida e irritada comunicación".*

## Comunique con sinceridad los límites que tendrá en su relación conyugal

La gran mayoría de las personas no saben como vivir con límites saludables. En mis conferencias sobre este tema he notado que la mayoría ni siquiera entiende el concepto. Establecer los límites en la que funcionará su relación conyugal es esencial para mantenerla saludable. Recuerde que el matrimonio se ha ido desarrollando lentamente, poco a poco se van haciendo evidentes las diferencias, cada cónyuge fue actuando de acuerdo a lo que pensaba y ha ido ha-

## Capítulo 5

ciendo con el otro lo que le han permitido hacer. Cada uno ha ido suponiendo que lo que hace está bien pues le gusta hacerlo, y de alguna manera piensa que eso beneficia a la familia. Sin embargo, debido a que no existen acuerdos y piensan diferente, cada cónyuge se va sintiendo herido por ciertas actitudes del otro y por no sentirse comprendido.

Muchos cónyuges al inicio de la relación matrimonial prefieren callar y poco a poco van haciendo lo incorrecto y permitiendo lo que no deberían. Muchos no saben como o prefieren no hablar del asunto y permiten que siga aumentando la tensión y decepción. Si ninguno sabe como cuidar su dignidad y siguen permitiendo lo indebido, irán aumentando su nivel de rechazo pues no saben como cuidarse por no conocer como establecer limites. Lamentablemente existe un gran número de hombres y mujeres que les encanta vivir al filo del precipicio y solo responden cuando alguien coloca los límites apropiados.

Muchos de los conflictos que experimentamos en las relaciones conyugales son causados por los problemas que tenemos en las áreas de libertad y responsabilidad. La libertad en las relaciones interpersonales describe la habilidad de tomar decisiones basadas en valores, en lugar de hacerlo movido por las emociones, el miedo o la culpa. Las personas libres tienen relaciones sociales pues sienten que es lo que quieren, porque es correcto y se sienten libres de tenerlas. Ellas no se relacionan por la obligación de otro.

La responsabilidad es la habilidad de tratar con respeto y llevar a cabo las tareas que son necesarias para mantener la relación amorosa, para decir no a las cosas que nos dañan y perjudican a los que amamos. Las personas responsables asumen la carga necesaria para mantener y cooperar con la relación y no toleran el abuso ni la conducta dañina o inapropiada.

La libertad de elegir conforme a una escala de valores morales saludables, así como la responsabilidad de actuar por el bien propio y de los demás, y conforme a esos valores nos permite desarrollar una buena relación matrimonial. Los límites saludables son la clave para preservar lo que permite vivir bien, es decir, son esenciales para preservar la libertad y la responsabilidad.

Así como existen cerramientos para proteger su propiedad, así debemos tener límites sanos que protejan nuestras emociones. No podemos ver nuestros propios límites pero sentimos cuando alguien los traspasa, por ello experimentamos esa sensación de protesta. Los límites cumplen dos funciones: nos definen y nos protegen. Cuando usted declara que no maltratará, insultará, ignorará a su cónyuge y no permitirá que otros lo hagan, entonces su vida está protegida. Pero la clave de los límites está en que yo exija aquello que estoy dispuesto a cumplir, no permitir que hagan conmigo lo que tampoco yo haré con mi cónyuge.

*"Cuando una esposa sabia ha establecido limites saludables, ha determinado que no hará nada que afecte la dignidad de su cónyuge y no permitirá nada que dañe su propia dignidad, la vida matrimonial se desarrolla con cariño, respeto y sobriedad. La relación conyugal está bien definida y protegida cuando los cónyuges tienen limites claros y bien establecidos".*

## Conozca con profundidad las diferencias en el mundo emocional

Usted conocerá más a su marido si comprende que su mundo emocional es muy distinto al de la mujer. Los hombres no estamos orientados tan emocionalmente como las mujeres; pero de todas maneras conocemos los sentimientos fuertes y aunque escondemos lo que experimentamos, no dejamos de sentir. Las diferencias en el mundo emocional pueden convertirse en un serio obstáculo para la armonía matrimonial si los cónyuges no comprenden sus necesidades tan distintas o prefieren ignorarlas. Sin embargo, aquellas mismas diferencias cuando se asimilan, se aprecian y se aprende a vivir con ellas, pueden ser columnas importantes para tener una unión saludable, porque la relación romántica saludable es una de las mayores fuentes de aumento de la autoestima de la mujer. Si usted se pregunta porque el hombre no da tanta importancia al romanticismo y a la relación emocional, la respuesta es sencilla: Porque el aumento de su autoestima no depende esencialmente de las caricias o besos que recibe, sino de los logros que alcanza.

Los hombres necesitamos prestigio en nuestro trabajo, éxito en nuestros negocios, y cuando experimentamos independencia o solvencia financiera, mejoramos nuestro arte, nos convertimos en líderes, o somos objetos de admiración y respeto, sentimos un alto nivel de satisfacción.

Generalmente, cuando un hombre alcanza el éxito en alguna o varias de estas áreas, siente que no necesita de su esposa como un apoyo contra los sentimientos de inferioridad. Por supuesto, que usted es importante para él como compañera y amante, pero no siente que es indispensable para alimentar su auto-estima diariamente. Esa es la razón por la que estamos tan ligados a nuestro trabajo y nos cuesta ser estables en la relación romántica con nuestras esposas.

En cambio usted, querida amiga, tiene una perspectiva totalmente distinta. Si usted no trabaja fuera de su casa no tiene otra fuente de aumento de su auto-estima que la relación romántica y familiar. El hombre deriva su autoestima del respeto que obtiene y la mujer de las muestras de amor que le entregan. Las mujeres tienden a convertirse en una parte intima de las personas que conocen más cercanamente y de las cosas que le rodean permanentemente. Llegan a ser parte de su ambiente hogareño y familiar.

El hombre generalmente se relaciona con las mismas cosas o personas y no permite tan fácilmente que su identidad quede mezclada con lo que le rodea. Por eso las mujeres echan raíces más fuertes y generalmente demoran más tiempo para adaptarse a un cambio.

La relación romántica es vital para la mujer. Generalmente pueden perder su trabajo y pasar por una seria crisis, pero no se asemeja en nada a la situación caótica que vive cuando se destruye su familia. En cambio, si usted quiere ver a un hombre destrozado y sintiéndose un "don nadie" quítele todos sus logros. Él puede tener más fuerza para batallar y sostenerse cuando está perdiendo su familia, que cuando pierde su empleo. No es que su familia no sea importante, pero al perder la fuente de sostenimiento y apoyo para su familia se siente un fracasado.

La razón del énfasis de las mujeres por mantener cercanas las relaciones interpersonales, es su maravilloso y cambiante mundo emocional. Son tan sensibles que anhelan las relaciones, pero a veces tan variables que alejan a sus parejas. El hombre en cambio tiende a acomodarse y puede sentirse satisfecho con una relación matrimonial de tipo patriarcal. En la medida que su esposa se preocupe por tenerle buena comida, ser amable y aceptar su horario sobrecargado de trabajo como una virtud que demuestra su preocupación por su familia, él tiende a sentirse bien.

El romanticismo puede ser algo que vale la pena, que de vez en cuando hay que utilizar, sobre todo como una herramienta de conquista, o para tener relaciones sexuales con su esposa, pero no siempre piensa que es indispensable. En cambio usted, querida mujer, espera ser alguien muy especial para su marido y desea evidenciarlo de la forma que usted cree, pero muchas veces él tiene otras formas de demostrar su amor y cariño. Usted desea que le den atención y le traten con ternura, pero en ocasiones lo busca de una manera equivocada.

## Capítulo 5

La falta de romanticismo puede causar una seria depresión en la mujer, debido a la tensión y sensibilidad que experimenta en muchas ocasiones se sentirá incapaz de transmitir a su esposo acertadamente su propia necesidad de afecto y romanticismo. Muchos hombres no entienden que un corazón tierno y amoroso es la mejor contribución al aumento de la auto estima de su esposa y muchas mujeres no entienden que el respeto y demostraciones de aprecio y gratitud por los logros alcanzados por su esposo, así como su fidelidad en la provisión, pueden ser una gran fuente de aumento de su estimación personal.

*Muchos hombres no entienden que un corazón tierno y amoroso y un trato respetuoso es la mejor contribución al aumento de la auto estima de su esposa y muchas mujeres no entienden que el respeto y demostraciones de aprecio por los logros alcanzados por su esposo, y gratitud por su fidelidad en la provisión, pueden ser una gran fuente de aumento de su estimación.*

Le sugiero que ahora que comprende el mundo del hombre, tome la decisión de entender porque razón su esposo actúa de la forma que lo hace, pero a la vez determine dedicar todo el tiempo que sea necesario y todos los métodos apropiados, para comunicar con amor sus sentimientos. Sin importar si su esposo siente o no lo mismo, debe aprender a comunicar sus sentimientos con honestidad y tratarle con respeto, pues su tranquilidad y paz no es fruto de las buenas actuaciones de su cónyuge, sino de la sabiduría que demuestra al conducir su relación. Evite atacarlo, pero nunca esquive decir lo que siente. Con sabiduría y no permitiendo que le ignoren, puede hacer conocer lo que anhela para su relación matrimonial. Si siempre calla, y oculta lo que siente o si comunica lo que piensa como soldado atemorizado y actúa como un torbellino, en vez de abrir las posibilidades de comunicación, cerrará las puertas de ella.

Esto no significa que si usted no está siendo escuchada no tenga el derecho de tomar medidas más drásticas para exigir que sus opiniones y deseos también sean tomados en cuenta en la relación matrimonial, pero para hacerlo no tiene necesidad de actuar mal, pues produce destrucción tanto el que ignora o maltrata como quien se equivoca en su reacción.

Nunca mendigue cariño, pero tampoco permita que la relación conyugal se transforme en una relación de intereses económicos o una sociedad de crianza de hijos. Aprenda a comprender el cansancio de un hombre, su necesidad de desconexión de los vínculos que lo atan diariamente a su trabajo, pero nunca permita el maltrato o que le ignoren. Si usted con sus palabras o actitudes comunica: *"Yo permaneceré a tu lado sin importar lo que me haces"*, está utilizando la mejor herramienta para matar la relación romántica.

Por supuesto que hombres y mujeres tenemos las mismas necesidades respecto del aprecio por si mismos y el sentido de pertenencia, pero generalmente lo expresamos de formas distintas. Es importante que usted siga expresando lo que siente y actuando con amor manifestando en cariño, aprecio, ternura, pero también en palabras correctivas y amonestaciones cuando sea necesario para el normal desarrollo de la relación matrimonial.

Si está siendo ignorada, con la sabiduría indispensable puede hacer entender a su cónyuge la necesidad de romanticismo que tiene. Dé algunos pasos sabios que no ha realizado en el pasado. Regálele mis conferencias sobre *¿Conoce usted a su Esposa?* Adquiera el libro, escúchenlas o lean juntos y determinen que unidos enfrentarán el problema que les está separando lentamente. Dígale que esto es muy importante y exíjale que le dé la importancia que requiere.

Si él no responde, uno de los límites que tendrá que establecer es entregarle la responsabilidad que le corresponde y no permitir lo inapropiado de la relación conyugal.

Si después de un buen análisis y tal vez un buen consejo de un asesor capaz, haga todo esfuerzo para dejar de culparse y exíjale que asuma su responsabilidad en el conflicto. Estas son algunas sabias palabras que usted puede compartir: *"Yo te amo mucho y tengo un serio compromiso de persistir en mi relación conyugal. Pero no soy la única responsable de mantener saludable nuestro matrimonio y mucho menos puedo obligarte a que me ames. Sin embargo, debo decirte que no siento que estés satisfaciendo mi necesidad de amor romántico, ni dando la importancia que tengo. Si esta situación que me destroza continúa, tendré que tomar decisiones más drásticas, pues no es saludable vivir como extraños".*

*"Si usted es ignorada y no está siendo escuchada por su esposo, tiene el derecho y la obligación de tomar medidas más drásticas para exigir que sus opiniones y deseos sean tomados en cuenta en la relación matrimonial, pero para hacerlo no tiene necesidad de actuar mal, pues produce destrucción tanto el que ignora o maltrata en su acción, como quien se equivoca, en su reacción".*

## Recuerde que la diferencia fundamental se encuentra en la vida sexual.

Existe suficiente evidencia como para creer que los hombres y las mujeres son diferentes biológica, anatómica y emocionalmente. Sin duda usted lo ha comprobado en su relación conyugal. Dicen los entendidos que la región del hipotálamo, que está ubicada debajo de la glándula pituitaria en el cerebro medio, está organizada de manera especial en cada sexo y provee a la mujer un marco de referencia psicológica muy distinto al de los hombres.

Generalmente el cuerpo del hombre requiere ejercicio en forma regular y cuando la esposa no entiende esta necesidad básica que su marido tiene, esta realidad puede convertirse en una fuente de contienda en el seno hogareño. De ninguna manera estoy animando a las mujeres a permitir los excesos; pero si un hombre está dedicando un tiempo prudente al ejercicio o practicando regularmente deportes, la mujer debería apoyarlo, incluso creo que es mucho más sabio que ambos practiquen algún deporte juntos.

La diferencia fundamental radica en que la expresión de la sexualidad femenina y masculina no es idéntica y por ello esta respuesta puede ser muy distinta. Cuando el marido no comprende esta diferencia puede vivir frustrado por la falta de deseo de su esposa, y ella por la insistencia constante de su marido.

Una de las grandes diferencias en el área de la sexualidad está relacionada con el deseo. Este impulso en las mujeres tiende a ser más cíclico y es obvio, pues ellas tienen un calendario menstrual y gracias a Dios que en los hombres este ciclo no ocurre. He tenido la oportunidad de ayudar a muchas mujeres que experimentan largos periodos depresivos como producto de estos cambios que experimenta en su organismo.

Un gran número de mujeres no son sexualmente activas como la mayoría de los hombres. Esta diferencia de ritmo y deseo generalmente es razón de severos conflictos cuando el cónyuge más activo exige más frecuencia en las relaciones sexuales de lo que es razonable o más de lo que la esposa está dispuesta a ofrecer. Por supuesto que existen excepciones. A la mayoría de los hombres no nos afecta el cansancio, ni la mucha frecuencia es una molestia. Al contrario, muchos anhelamos más frecuencia. Esto no es algo que el hombre planifica y luego siente, sino algo que siente y luego planifica. También es cierto que existen hombres que erróneamente alimentan más su pasión sexual y pueden convertirse en dependientes que exigen formas y una frecuencia que no es aceptable ni saludable para ella.

En forma natural los hombres pensamos más en el sexo que la mayoría de las mujeres y por ello hablamos y hacemos más bromas relacionadas con el sexo que las mujeres. Algunas mujeres me han preguntado si sus maridos están enfermos por desear tanta frecuencia y hablar y bromear con ellas con respecto al sexo, y les explico que la mayoría de los hombres somos así. No es malo que los hombres acostumbren hacerlo con sus esposas, aunque debemos tener cuidado para no caer en exageraciones.

El deseo sexual del hombre es continuo y en algún momento puede bajar nuestro interés en las relaciones sexuales debido al estrés, pero generalmente y en la mayoría, ese deseo es regular. Las esposas deben saber que cuando las relaciones sexuales se encuentran suspendidas por cualquier razón, sus maridos experimentan una acumulación de presión psicológica que demanda satisfacción urgente. La privación de las relaciones sexuales no necesariamente aumenta en la mujer el deseo de tener intimidad. Las necesidades femeninas son menos urgentes y ejercen menos presión pues su deseo sexual no es acumulativo como ocurre con nosotros los hombres. Dicen los entendidos que las dos vesículas seminales o pequeñas bolsitas que contienen el semen, poco a poco se van llenando y cuando llegan a su nivel más alto, el hombre se encuentra sensible al más mínimo estímulo sexual.

La mujer debe comprender que el deseo sexual del hombre esta dictado por una fuerza bioquímica definida que actúa dentro del cuerpo y no es algo que él programe aunque no tenga deseo. Eso debe ocurrir con las mujeres menos activas sexualmente. Así como el cónyuge más activo que necesita más frecuencia, debe limitar su práctica por amor a su cónyuge y hacer acuerdos sabios, así también la mujer menos activa, por amor a su marido debe planificar sus relaciones con la frecuencia acordada aunque no se sienta motivada. Si ella lo ama debe aprender a satisfacer esa necesidad lo más regularmente posible. Pero el satisfacerla no significa que debe responder mecánicamente ignorando su necesidad de aprecio, cariño y apoyo antes de tener sexo, sino que deben ponerse de acuerdo para estimularse mutuamente.

Es muy importante que ambos sexos conozcan muy bien cuales son los pasos necesarios como preparación para tener una relación sexual saludable, porque si cada uno hace sólo lo que siente, por las diferencias que existen entre los sexos, sus anhelos o reacciones serán muy opuestas. Aunque la intensidad del placer y la excitación cuando ocurre el orgasmo en la mujer y la eyaculación en el hombre es igual, los pasos que deben seguir para llegar al clímax son diferentes y deben prepararse sabiamente.

La mayoría de los hombres nos excitamos más rápidamente que las mujeres y podemos alcanzar el clímax antes de que nuestra esposa haya comenzado a estimularse, por eso es esencial que el hombre la trate con cariño y ternura y también ella haga lo necesario para prepararse. Si el hombre no aprende a tener dominio propio y realizar el proceso pensando más en la mujer que es más lenta en su proceso, pueden experimentar serias frustraciones en sus relaciones sexuales. Si la mujer no hace conocer su necesidad y no cree que es necesario que existan caricias y una buena preparación para que ella logre excitarse, está saltándose una parte importantísima del proceso hacia la satisfacción sexual.

La mujer debe hacer conocer al hombre su necesidad de preparación y caricias y no debería permitir llegar a la penetración sin prepararse para ello. Así como para el hombre no es una opción la necesidad de tener relaciones sexuales más frecuentes, así tampoco es una opción sino una necesidad de la mujer, que juntos se preparen para la intimidad sexual. Las mujeres no necesariamente se sienten estimuladas al ver el cuerpo de un hombre pues no son excitadas primariamente por lo que ven. Nosotros los hombres sí somos movidos por el estímulo visual. Nos impresiona la desnudez de nuestra esposa, el mecanismo psicológico sexual es activado inmediatamente cuando alguna parte de su cuerpo ha cautivado nuestra atención.

*"La esposa debe comprender que el deseo sexual de su marido está dictado por una fuerza bioquímica definida que actúa dentro del cuerpo y no es algo que su esposo sólo programa aunque no tenga deseo. Las mujeres menos activas sexualmente deben actuar de la siguiente manera: así como el cónyuge más activo, que necesita más frecuencia, por amor a su cónyuge, debe limitar su practica a lo que acuerden con sabiduría para la relación, así también la mujer menos activa, por amor a su marido, debe planificar sus relaciones con la frecuencia acordada, aunque no se sienta motivada, debe participar en la estimulación y permitir ser estimulada".*

Muchos otros detalles sobre estas diferencias y consejos que pueden ayudarle a tener una vida sexual saludable los encontrará en mis libros: **¿Conoce usted a su Esposa? Tesoros de Intimidad y Sexualidad con Propósito**, así como en algunos discos compactos y de video digital sobre el tema. Si están experimentando conflictos en su vida sexual matrimonial, lo peor que pueden hacer es ignorar el problema.

Si su esposo no es cariñoso, y exige demasiada frecuencia sin considerar su opinión, demanda posiciones que a usted le desagradan, le molestan, le hacen doler o simplemente no está de acuerdo. Si no le prepara para la relación sexual y rápidamente él quiere satisfacerse, pero usted no lo alcanza, necesitan orientación profesional inmediatamente.

Si está fingiendo placer, y nunca lo ha experimentado, si vive frustrada, nunca tiene deseos, le es una gran molestia y rechaza a su marido, busquen ayuda urgente, pues están jugando con el material más inflamable de la relación conyugal y provocarán un incendio que destruirá su relación matrimonial.

Espero que me haya comprendido pues le he comunicado con pasión la enorme importancia que tiene para la salud de la relación conyugal, el hecho de que se conozcan las diferencias y tengan el compromiso de respetarlas. No he comunicado que debido a que somos diferentes cada uno puede hacer lo que le da la gana, pues esa actitud es errónea y usted no me ha entendido. Se equivoca la esposa que no tiene intenciones de cambiar pues piensa que: así nació, así la conocieron, así ha sido y va a continuar.

Ese es un acto de insensibilidad que destruye los matrimonios y el suyo no será la excepción. En Chile tenemos un dicho que reza: *"El que nace chicharra, muere cantando"*. Así se defienden algunos cónyuges cuando se les solicita que cambien determinadas acciones o actitudes que causan dolor. Esa es una actitud destructiva e insensible.

Todas las diferencias que mencioné lo único que deben comunicarnos es que realmente somos distintos y debemos aprender a relacionarnos sabiamente. El amor de una mujer por su esposo se manifiesta cuando ella acepta las distinciones, pero le hace conocer sus necesidades. El aceptar las diferencias es mi llamado para que reconozca que existen razones para el comportamiento distinto de su pareja, pero es importante que ambos comiencen a conocerse y tener dominio propio con sus inclinaciones naturales que ignoran o hieren los sentimientos de su cónyuge, desarrolle empatía para conocer y hacer lo que sirve para la construcción sólida de la relación matrimonial.

## Capítulo 5

María Augusta llegó desesperada a mi oficina. No alcanzó a hablar más de algunas decenas de palabras conmigo cuando ya estaba llorando amargamente. Después de un año de casados su marido había comenzado a cambiar. Ella lo notaba y se lo había dicho en algunas ocasiones. Constantemente estaba de mal genio, la ignoraba y sólo respondía con monosílabos. María Augusta se preguntaba cada noche si su matrimonio no se convertiría en otro número de las estadísticas de divorcio.

El fin de semana había sido tenso. Él fue muy amable con todos los miembros de la familia que se reunieron para tener una parrillada. Especialmente con una amiga con quien se divirtió de lo lindo. María Augusta se sintió celosa y molesta. Con ella apenas hablaba y la trató de evitar toda la tarde del sábado. Regresaron a casa y tan pronto se subieron al automóvil al abandonar la casa de sus suegros, se terminó la alegría de Marcos. No habló ni una palabra. Sólo comenzó a hablarle una hora antes de acostarse. Cruzaron algunas palabras.

Él hizo algunos comentarios sobre lo bien que había pasado. María Augusta se sorprendió que Marcos le hubiera invitado a ver una película. Prendió la vídeo casetera y le llamó. Se sentaron juntos, pero ella no hizo mayores comentarios porque sabía que a Marcos le molestaba que hablaran mientras veía la cinta. Sin embargo, él de vez en cuando hizo algún comentario y hasta unos pequeños chistes como para romper la tensión. María Augusta se sintió terriblemente decepcionada cuando se dio cuenta que todo había sido una buena preparación para buscar la relación sexual al acostarse. Al otro día volvió a la misma rutina.

El día lunes ella estaba llorando en mi oficina. El domingo en la tarde mientras Marcos miraba atentamente un partido de fútbol se le ocurrió preguntarle con mucho cuidado: *"¿Que está ocurriendo Marcos? ¿Por qué estás enojado y moles-*

*to?"*. Él ni siquiera respondió a esa pregunta. Ella se armó de valor y le repitió la pregunta con un tono un poco más demandante. Marcos respondió de tal forma que ella quedó destrozada. María Augusta me repitió unas seis veces lo que él le había dicho: *"Estoy cansado de que siempre tomas las cosas tan en serio. Eres tan frágil como un huevo, eres hipersensible. Si hubiera sabido que eras tan sensible y llorona nunca me hubiera casado contigo. Si sigues siendo como una niña y quieres que te traten con tanta delicadeza, te equivocaste de persona"*.

Con estas pocas palabras, Marcos había atacado directamente los sentimientos más profundos de una mujer y preparaba su matrimonio para la destrucción.

El principal problema de Marcos era que no tenía idea de las diferencias importantes entre los sexos. Marcos había atacado dos de las fortalezas más grandes de una mujer: Su sensibilidad y su intuición. No en vano ella vivió un proceso doloroso que casi les llevó al divorcio.

Cuando Marcos me buscó desesperado porque su esposa lo había abandonado, trató de jugarse la misma carta que había usado con su esposa. Hacerse el herido, el incomprendido y mostrarse como un hombre normal. Pocas sesiones después tenía que admitir que su esposa estaba en lo correcto. Su sensibilidad e intuición le habían motivado a sentirse así. Marcos estaba emocionalmente involucrado con otra mujer y el compromiso con su esposa se estaba rompiendo.

Si María Augusta no hubiera buscado consejo profesional y se hubiera dejado llevar por los consejos de la mamá que le repetía: *"No te preocupes mijita. Todos los hombres pasan por esa etapa. Ya volverá a la normalidad"*. Si hubiera aceptado el consejo de los líderes de la congregación donde asistía, que le decían: *"Búscalo, atiéndelo mejor, hazle la comida que le gusta...",* habría preparado el terreno para la destrucción. Poco a poco se iría endureciendo y cada vez agravaría más la situación.

Después de un tiempo, Marcos se hubiera declarado vencedor y se habría dado cuenta que había subyugado a su esposa. Entonces tenía el camino abierto para nuevas aventuras. Pero el buscar ayuda profesional motivó a María Augusta a tomar las decisiones sabias y Marcos comprendió que la más grande protección contra las tentaciones sexuales y la alarma más fuerte contra la rutina y el descuido de la relación romántica era la sensibilidad e intuición bien utilizada por una mujer sabia, que cuando no sabe cómo hacerlo busca la ayuda que necesita.

*"La esposa menos activa sexualmente no solo debe recibir el cariño y una amorosa y delicada estimulación, sino también debe preocuparse porque su esposo tenga regularmente la debida satisfacción. Una esposa que rechaza la vida sexual porque siente que no necesita sentir satisfacción, comete tan grave error como el hombre que exige lo que él quiere, como quiere y donde quiere, y no actúa con sabiduría, respeto y comprensión".*

## ...CAPÍTULO 6...

*"Una mujer no puede obtener felicidad de su marido o de la vida matrimonial. La felicidad de la esposa no está en que los demás sean lo que ella con todo su corazón y justamente desea que ellos sean. La felicidad de la esposa está en ser lo que Dios demanda que sea".*

# 6

# Conozca cómo ser la mujer que Dios quiere que sea

Dios nos creó para disfrutar de relaciones interpersonales sanas, pero no es fácil tenerlas. Nos diseñó para que disfrutemos de alegría y contentamiento al relacionarnos con otros seres humanos, especialmente en la vida familiar, pero ningún ser humano, ni siquiera los miembros de la familia que tanto nos aman pueden ser la fuente de nuestra felicidad.

En mi estudio de la Biblia, del dolor que producen las relaciones enfermizas, así como del que nos producen las actitudes erróneas y pecaminosas de los seres imperfectos que nos aman, he aprendido grandes lecciones.

Tal vez la más importante enseñanza que la vida, Dios y su palabra me han dado es que para que el ser humano sea feliz en una relación, tiene que ser capaz de lograrlo sin ninguna. Si usted cree que debe estar casada con su príncipe azul para ser dichosa, nunca lo será.

## Ser feliz: una responsabilidad personal

Nadie es responsable de su infelicidad. Las personas pueden causarnos problemas y su marido puede ser conflictivo y necio, pero la responsable de que hacer con el mal que le rodea es usted. Ser feliz es una responsabilidad personal, pese a que muchas mujeres creen que la razón de su infelicidad, enojo, amargura y resentimiento que experimentan es causada por el marido que tienen.

## Estoy enojada porque no tengo el marido que quiero

*Marina llegó muy frustrada a mi oficina. Siendo una mujer cristiana utilizó el lenguaje más religioso que pudo para comunicarme su frustración. Entre muchas cosas me dijo:* "Mi marido no vive para Dios y lloro porque me siento mal". *Al final de la primera sesión ya sabía que ella realmente estaba sintiendo una inmensa frustración porque su marido no era lo que quería que fuera. Otra mujer me dijo:* "Mi marido no es lo que yo esperaba y cada día me molesta más". *Tantas personas que con estas u otras palabras expresan su frustración por la mala relación matrimonial que tienen me han movido a creer que muchas mujeres están frustradas, enojadas, confundidas y están reaccionando mal porque no tienen el marido que quieren.*

## La ira, una elección y un habito

La ira, y el enojo, que pueden manifestarse con el sutil desprecio o ignorando a nuestro cónyuge y pueden llevarnos al maltrato, abuso o acciones violentas, tristemente nos acompañan en todas las relaciones conyugales. Las diferencias, los distintos intereses, gustos y formas de ver la vida pueden lanzarnos a conflictos serios, si los cónyuges no tenemos la capacidad de resolverlos, producirán grandes frustraciones, que pueden generar terribles reacciones.

## Capítulo 6

Una de las más grandes frustraciones que experimentan los hombres y las mujeres es creer que están casados con la persona equivocada. Muchas mujeres llegan a esa conclusión porque sus esposos no son lo que ellas quieren que sean. He conocido muchas mujeres que no solo sienten que no aman, sino que viven molestas por no tener el "marido a la carta" que le habían pedido a Dios. En consecuencia viven enojadas, molestas y airadas en la relación conyugal, que es una de las experiencias más destructivas y frustrantes.

El enojo es difícil, debilita, paraliza y es tan impredecible que a veces ocurre antes de que nos demos cuenta, y cuando lo detectamos, ya se está manifestando de formas muy variadas y destructivas. Es posible que la frustración por no tener el marido que usted esperaba, o porque él es un ser humano pecador que supo conquistarla, y ha sabido como amarla, le ha motivado a vivir una vida conyugal conflictiva. Tal vez usted experimenta una simple irritación, otras veces lanza frases o palabras que nunca hubiera deseado, pero las dice como producto de la decepción que experimenta.

En algunas ocasiones ésta frustración produce reacciones hostiles y de rechazo. Algunas esposas sin saber manejar su decepción llegan a tener pensamientos extremos y no solo anhelan la separación y el divorcio, sino que le pasan pensamientos suicidas o deseos de agredir a su cónyuge.

En toda relación conyugal existirá enojo, pero a veces su manifestación es tan debilitante y destructiva, que puede llevar a una dañina y vergonzosa reacción en público. La verdad es que la ira que se va almacenando o está siendo mal manejada en la relación conyugal, después de un poco de tiempo, se hace evidente a todos y afecta a quienes nos rodean.

*"Muchas mujeres viven decepcionadas porque sus esposos no son lo que ellas quieren que sean. He conocido muchas mujeres que no solo sienten que no aman, sino que viven frustradas y molestas, por no tener el "marido a la carta" que le habían pedido a Dios y con el cual habían soñado. Toda persona vivirá frustrada si tiene esas expectativas exageradas".*

## El dominio propio, una reacción de convicción

La respuesta que necesitamos para controlar las emociones que están destruyendo la relación conyugal es el dominio propio, el autocontrol; pero tal virtud no es fácil desarrollarla. En realidad no es una virtud natural que viene con nosotros, debemos recibirla como parte del paquete de virtudes que Dios deja a nuestra disposición. El dominio propio viene como fruto del Espíritu Santo, debemos aprender de Él, y desarrollarlo lentamente.

El señor Wayne Dyer en l976 escribió un best seller titulado *Sus Zonas Erróneas*, donde pone su dedo en algunos de los problemas que experimentan los que no saben manejar la ira. Él dice: *"Tal vez usted ha justificado su comportamiento tan irritable diciendo cosas como estas: 'Bueno, es humano' o 'Si uno no lo expresa, almacenará ira y luego va a tener una buena úlcera'.* Agrega este escritor: *"Escuche, la ira es probablemente la parte de usted que menos le gusta y no necesito decir que tampoco le gusta a los demás. La ira no es 'solamente humana'. Usted no tiene que poseerla, ella no le ayudará en ningún modo a ser un hombre feliz o una persona realizada; es una zona errónea, es una clase de influencia sicológica que incapacita tal como lo podría hacer una enfermedad física".*

Luego agrega: *"La ira es tanto una elección como un hábito, es una reacción aprendida de frustración en la cual usted se comporta de una manera que no lo haría normalmente. En realidad, el enojo severo es una forma de insanidad. Usted está actuando insanamente cuando pierde el control de su comportamiento. Por* lo tanto, cuando usted está airado y fuera de control, está temporalmente insano".

Sin duda que la ira no hay que poseerla, debemos manifestarla, pero no conforme a nuestras ideas y emociones, sino conforme a los principios bíblicos de amor que nos permiten tener buenas convicciones.

Estoy convencido que los conflictos nunca dejarán de ser parte de la vida conyugal. Si usted espera que algún día acaben, terminará decepcionada. Los conflictos son choques de intereses que nos llevan a enfrentar nuestras ideas y gustos y para poder manejarlos necesitamos tener control de nuestras emociones. Actitudes, palabras y acciones. Necesitamos dominio propio.

## No confunda la prueba con la tentación

Muchas esposas que han buscado mi asesoramiento me indican que están pasando por pruebas en la relación matrimonial, pero he notado que la gran mayoría de ellas están confundidas. Un dicho popular reza: *"No confunda la hinchazón con la gordura"*. Esa es la misma confusión que tienen muchas. Usted no está pasando por una prueba si su problema es el mal manejo de su ira. Dios ya no tiene nada que probar. Él lo sabe y usted también, y por supuesto lo experimentan su marido y sus hijos. Usted entiende que la ira descontrolada como acción o reacción es pecaminosa. Pablo dice: *"Airaos, pero no pequéis"*.

Esto significa que la ira es una reacción natural que no es mala ni buena. Es necesaria pues nos motiva a reaccionar frente al error y el pecado. Pero tiene que ser manejada con las riendas del dominio propio. La ira que de manera consciente o inconscientemente nos lleva a dañar, ignorar, insultar, dominar, maltratar o agredir a una persona, es pecaminosa.

Si su problema es que tiene reacciones airadas que generan más conflictos, usted no se encuentra pasando por una prueba, está cediendo a la tentación y por lo tanto, está pecando.

Una mujer me decía: *"Doctor, me siento mal pues en medio de la prueba que tengo con mi marido, le fallo siempre al Señor pues vivo molesta, maltrato y no escucho lo que mi marido tiene que decir. Por eso vivo amargada"*. Observe la gran diferencia entre lo que esta persona piensa y lo que el apóstol Santiago enseña: *"Hermanos míos, tened por sumo gozo cuando os halléis en diversas pruebas, sabiendo que la prueba de vuestra fe produce paciencia"*.

Si usted está reaccionando descontroladamente, cree que su esposo es la cruz que Dios le dio, y se halla en medio de una prueba, se equivoca. Aunque fuera una de ellas, la reacción errónea es pecaminosa. Su actitud de amargura no es lo que Dios espera y mucho menos la impaciencia. Su respuesta es de insensatez, pues el cristiano maduro se regocija al saber que Dios está disponible para auxiliarle cuando le hacen mal a pesar de estar haciendo el bien. No tiene gozo en la dificultad, sino en el ejercicio de su fe, en la provisión divina para poder salir victorioso y con más paciencia de esa experiencia dolorosa. La prueba no es una tentación pues es producida por Dios, pero en ella existe tentación a hacer el mal. Por doce versículos el apóstol Santiago habla acerca de estas pruebas y cuando llega al versículo 13 comienza a hablar sobre un tema diferente y complementario. Observe lo que enseña: *"Cuando alguno es tentado, no diga que es tentado de parte de Dios"*.

Santiago ha establecido claras diferencias entre las pruebas y la tentación. En las pruebas, Dios está examinando nuestra fe, y no necesariamente hay una connotación de maldad o de pecado. Generalmente no existe nada moral o inmoral en nuestra conducta y por ello Dios es movido a

## Capítulo 6

permitirla. Este es un examen, un tiempo duro en el cual se está probando nuestra fe; pero no necesariamente incluye o trae maldad. Si estudia las pruebas que vivió Job comprobará esta verdad. Él perdió su salud, familia, casa, y negocio, en resumen, lo perdió todo; pero no había nada de inmoral en la experiencia de Job. Era una serie de pruebas que estaba viviendo debido al designio soberano de Dios. Él fue quien autorizó a Satanás que le tocara y le quitara todo, a pesar de ser un hombre justo.

También puede estudiar el tiempo de depresión que vivió Elías bajo un árbol, cuando su vida había sido amenazada y determinó huir y esconderse y suplicaba al Señor que le quitara la vida. Él estaba convencido que era mejor morir que vivir. No había nada de inmoral o de maldad en la experiencia de Elías, sino una profunda depresión porque Dios estaba probando la fe de un profeta que había visto sus extraordinarios milagros por medio de la fe.

Cuando Juan fue enviado a la isla de Patmos, no había nada moral involucrado en esa experiencia. Este era un tiempo de soledad, un periodo de prueba, de ser removido de todo lo conocido y lo que él amaba, para estar solo y abandonado; pero no era nada malo, era un tiempo de prueba que Dios soberana y planificadamente había permitido, a pesar de que no existía ningún pecado que motivara a Dios a permitir esta experiencia.

Cuando nos referimos a la tentación, hablamos de algo diferente. Por eso es que en el versículo 13, la palabra que usa Santiago es diferente, no es prueba, es tentación. Después agrega: *"Cuando haya resistido la prueba"* y la razón es que la tentación puede incluir prueba.
El diccionario define a la tentación como la instigación o impulso repentino que induce a una cosa mala. Es una incitación a hacer algo perverso, con la promesa de obtener placer o ganancia.

Generalmente cuando pensamos en la tentación, la primera idea que viene a nuestra mente es la tentación sexual. Si tuviéramos que hacer una encuesta, acerca de la tentación, sin duda la gran mayoría pensaría que es aquella instigación a nuestra naturaleza sexual, que nos incita a satisfacer nuestros deseos carnales, fuera de los vínculos adecuados, la verdad es que eso solamente es una parte; pero no lo es todo.

También podemos ser tentados a la murmuración, a tomar algo que no es nuestro. Podemos ser incitados a vengarnos, a actuar con violencia y maltratar, ignorar, despreciar, gritar, a pasar días enojados a pesar de que Dios dice que no debe ponerse el sol sobre nuestro enojo, pues damos lugar al diablo.

*"Si su problema es que tiene reacciones airadas como producto de su enojo por los errores y pecados de su esposo, y por ello en vez de ser parte de la solución, genera más problemas, usted no está pasando por una prueba de su fe, mas bien está cediendo a la tentación y por lo tanto, actuando con rebelión".*

## Un fruto que debemos cultivar

Quiero que observe las palabras del apóstol Pablo en Gálatas capítulo 5. Una atenta observación le ayudará a descubrir el antídoto de la ira. Note que la tentación tiene que ser contrarrestada con un acto en particular, muy definido como producto de una virtud regalada por Dios y que la persona ha desarrollado. Observe esta lista del fruto del Espíritu Santo en el versículo 22: *"Mas el fruto del Espíritu es amor, gozo, paz, paciencia, benignidad, bondad, fe, mansedumbre, templanza; contra tales cosas no hay ley".*

Quiero que se enfoque en la palabra *templanza*. El diccionario la define como una virtud cardinal que consiste en

## Capítulo 6

sujetar a la razón los apetitos y el uso de los sentidos, en otras palabras, es el autocontrol, el dominio propio, que es la única forma de contrarrestar la tentación.
La palabra templanza significa fortaleza, es el fruto del Espíritu que nos provee fortaleza. Una de las cosas que el Espíritu de Dios promete hacer por nosotros sus hijos, es darnos la capacidad para tener dominio propio, para controlar mis debilidades, y poder manejar nuestras pasiones.

Aunque el dominio propio es un fruto del Espíritu, otorgado por Él, quiero advertirle que eso no significa que es algo que Dios hace de manera activa mientras nosotros permanecemos pasivos. No implica que debido a que el fruto del Espíritu es el encargado de hacer todo, no tengamos participación. Quiero decirle que esta es una enseñanza muy sutil y lamentable errónea; porque es cierto que el dominio propio proviene del Espíritu de Dios; pero nosotros también tenemos la obligación de participar.

Es un error creer que debemos esperar pasivamente mientras Dios hace todo por nosotros. Si usted enfrenta una tentación y la trata con pasividad, usted será inundado por la maldad, aunque las virtudes del fruto del Espíritu Santo estén disponibles para usted. El dominio propio viene de Dios, la templanza es un fruto del Espíritu; pero nosotros somos los que debemos aprender a utilizar los recursos que el Espíritu de Dios nos provee.

Notemos cuan real es este proceso hacia la conquista de nuestra inclinación a dejarnos seducir por la tentación y entrar en conflictos y contiendas. Las relaciones matrimoniales no son la excepción y muchas mujeres no han podido dominar esta costumbre a contender aun por cosas pequeñas e irrelevantes. Observe el proceso que mencioné y describe Pedro en su segunda carta en el capítulo 1: *"Por medio de las cuales nos ha dado preciosas y grandísimas promesas, para que por ellas llegaseis a ser participantes de la naturaleza divina, habiendo huido de la corrupción que hay en el mundo a causa de la concupiscencia; vosotros también, poniendo toda diligencia por esto mismo, añadid a vuestra fe virtud; a la virtud, conocimiento; al conocimiento, dominio propio; al dominio propio, paciencia; a la paciencia, piedad; a la piedad, afecto fraternal; y al afecto fraternal, amor".*

Estas son una serie de mandamientos que nos motivan a vivir con responsabilidad. Note que el dominio propio es un fruto que Dios nos entrega soberanamente, a todos los que somos sus hijos, cuando por su gracia Él determina incluirnos en su familia. Cuando el Espíritu de Dios habita en nosotros, toma el control y pone a nuestra disposición el dominio propio. Sin embargo, este no se hace práctico en forma automática, somos nosotros los encargados de activarlo. El ingrediente principal está dentro del Hijo de Dios, pero nosotros tenemos que ir añadiendo cada una de estas virtudes. Cada uno de nosotros debe asegurarse de llevarlo a la práctica.

La esposa que desea actuar con sabiduría y enfrentar bíblicamente a un marido poco sabio o necio, debe tener dominio propio. Ella no tiene justificación para responder con la misma necedad y creer que recibirá la bendición y apoyo divino. La mujer sabia casada con una marido sincero, pero débil; amoroso, pero humano; con virtudes, y defectos, que acierta pero también se equivoca incluso la mujer casada con un marido necio, debe poner toda diligencia para añadir cada día nuevas virtudes a su conducta. Esto significa que debe actuar con presteza, y dinamismo, no postergar, ni ser lenta en su búsqueda de agregar virtudes a su vida.

Realmente me sorprende la gran cantidad de mujeres que luchan por cambiar a sus esposos y esperan que sean personas diferentes como resultado de sus gritos, enojos, maltrato y todas las técnicas erróneas que usan. Eso no es lo que escribe Pedro en este pasaje de la Biblia. Basado en el mensaje, este es mi mandamiento bíblico para las esposas que desean vivir con sabiduría y disfrutar de la paz que resulta de una vida obediente y sumisa a Dios, a pesar de lo desobediente e insumiso de su esposo. Ponga mucha atención a estas importantes palabras basadas en las expresadas por Pedro: *"Todo lo que necesitamos para vivir una vida que agrada a Dios, nos ha sido dado debido a que hemos conocido personal e íntimamente a Jesucristo quien nos ha permitido tener relación con Dios. Además, nos fueron dadas promesas maravillosas y que son nuestro pase para participar de la vida de Dios al dar la espalda a un mundo corrupto por la lujuria. Por lo tanto, no pierdan ni un minuto y sigan construyendo su carácter con lo que Dios les ha dado. Complementen su fe básica con un buen carácter, adquieran más conocimiento para que sepan como vivir y dominio propio para que tengan control de su vida. Agreguen además, paciencia para que esperen que las cosas ocurran en el tiempo asignado y a eso agréguenle una vida de piedad que incluya afecto por los que le rodean y un profundo amor por ellos".*

## Una mujer sabia pese al marido necio

Esta es la historia de una mujer que tenía un marido necio pero decidió ser sensata, que sabía como enfrentar al mal que le rodeaba. Ella comprendió que era una hija de Dios que debía responder como tal, que debía obrar con tanta sabiduría que aun el necio de su marido fuera beneficiado por su actitud correcta.

Un proverbio dice que la *"mujer sabia edifica su casa, mas la necia con sus manos la destruye"*. Abigail tenía todo para decidir actuar neciamente. Ella tenía razones de sobra para permitir el mal de su marido, vivir amargada y resentida por el estilo de vida que él tenia, pero elegir la necedad debido a la terquedad de otro es buscar el camino de la destrucción y la maldad.

El relato sobre la pérdida del control de un gran personaje bíblico nos ayuda a entender que todos podemos vivir la misma experiencia y que necesitamos de personas sabias que nos ayuden a enmendar nuestro error. La historia de la pérdida de control de un gran hombre, citado en el Nuevo Testamento más que cualquier otro personaje nos muestra cuan proclives somos a reaccionar erróneamente frente al mal que nos hacen. El relato nos presenta a David, un hombre cuya biografía es la más larga que aparece en el Antiguo Testamento. Antes que piense mal, David fue un hombre asombroso que había sido un modelo de paciencia por muchos años mientras se encontraba perseguido por la lanza y la espada de Saúl. Es el mismo hombre que ahora, en el Primer libro de Samuel capítulo 25 pierde el control y, por un período de tiempo, se comporta insanamente. Si una mujer sabia no hubiera intervenido, David hubiera sido culpable de asesinato en primer grado porque quería cometer un crimen premeditado.

*"Abigail tenía razones de sobra para permitir el mal de su marido y para vivir amargada y resentida por el estilo de vida que él tenia, pero eligió obrar bien, aunque su esposo lo hacía mal, porque sabía que no agrada a Dios quien actúa con maldad debido a que su cónyuge era motivado por su necedad".*

## Trasfondo de una historia impactante

Quiero que examine este pasaje conmigo y conozca el trasfondo de las cosas que han ocurrido, para poder entender el problema. Ellos vivían un tiempo muy diferente al nuestro. No trabajaban en talleres o fabricas de equipos electrónicos. La mayoría de las personas trabajaban en el campo cuidando ovejas y su labor era pastorear rebaños de ovejas o chivos que, generalmente eran propiedad de los hacendados ricos. Al estudiar el pasaje usted podrá descubrir que existe un obstáculo básico en la relación laboral. Un serio problema entre un empleador y un empleado. David es quien había sido contratado y Nabal era quien había solicitado sus servicios.

*Capítulo 6*

La historia nos muestra que David recién había salido de la cueva de Adulam, descrita en el capítulo 22. Había dedicado tiempo para entrenar a seiscientos hombres para ser expertos en las armas y se convirtieran en buenos guerreros. Las peleas oficiales de Israel estaban a cargo de los soldados israelíes bajo Saúl. Ellos lucharon contra los filisteos, pero David estaba tras la escena combatiendo con otras tribus en el desierto de Parán. El se dedicó a proteger a los pastores de los ataques de los asaltantes o de tribus guerreras. Era una costumbre común en la época de la esquila de las ovejas, que los propietarios separaran una porción del dinero de la ganancia que habían obtenido, para darles a quienes habían protegido a sus pastores durante ese largo período de tiempo.

De ninguna manera era un salario fijo, era más bien como un sistema de reconocimientos. No hay ninguna ley que le obligue a dar gratificación; pero si usted es una persona agradecida después de comer, dará una propina a quien le atiende. En aquellos días el propietario proveía de una remuneración por el cuidado de sus animales. No había nada escrito; pero era la costumbre. El hacendado llamado Nabal debía cumplir con esta costumbre y remunerar a David y al grupo de hombres que habían protegido a sus pastores.
El tiempo de esquila de las ovejas era el día de pago y David tenía todo el derecho de recibir una remuneración después de haber realizado un trabajo muy fiel de protección cuidando a los pastores. Pero Nabal era un tipo terco, obstinado y tomó la determinación de no pagar.

## Personajes claves de una historia sorprendente

Por un momento miremos quienes son los principales personajes de esta historia que es como un drama que se compone de diferentes escenas y actos. Usted se dará cuenta que aparecen Nabal, Abigail y David como personajes importantes. Nabal, un hombre rico, pero necio es el personaje principal y comienza a ser descrito en el versículo 2: "*Y en*

*Maón había un hombre que tenía su hacienda en Carmel, el cual era muy rico"*. Aquí menciona la situación económica de este hacendado: era muy rico. La palabra para describir sus posesiones es un término que traduce *"muy pesado"*. Significa que tenía mucho dinero, se mencionan por lo menos tres mil ovejas y mil cabras. Por su posición era un hombre de influencia y en el versículo 3 nos dice que su nombre era Nabal. La palabra significa: *tonto, necio, terco*. Nombre que describe bien la personalidad del hombre que observaremos en el transcurso de esta historia.

Sin duda no es un nombre que elegiríamos pues no presenta la idea de un simple tonto. En la Biblia se describe a un necio como una persona que no cree en Dios, y vive como si Él no existiera.
El versículo 3 describe su comportamiento al decir que este hombre era duro y de malas obras. Ésto significa que era terco, testarudo, y actuaba mal. Habla de su exigencia, pero también de su injusticia, de su autoritarismo, y su maldad.

Nabal era demandante, pero trataba a la gente inadecuadamente. Abigail, una mujer rica pero sabia es la esposa de Nabal que es mencionada en el versículo 3. Ella era una persona totalmente diferente. Si usted cree que en esta historia se aplica el dicho que reza: *"Dios los cría y el diablo los junta"* está equivocado. Este hombre necio y terco no tenía una esposa que se había acomodado a ese sistema. La maldad y necedad de Nabal no fueron adquiridas por ésta mujer que tomó la decisión de no dejarse influenciar por la actitud de su marido. Ella más bien determinó influenciar y proteger a su marido debido a sus sabias acciones. Generalmente los caracteres opuestos se atraen y esto nunca fue más cierto en el caso de este hombre.

Un análisis del comportamiento de Abigail, le ayudará a entender que no es imprescindible tener un marido sabio para actuar con prudencia y que a pesar de la necedad de algunos hombres, existen mujeres que para la gloria de Dios, el beneficio personal y de quienes le rodean, deciden actuar con sabiduría.

Una rápida mirada a la descripción que la Biblia realiza de Abigail nos permite concluir que ella tenía una extraña combinación. Observe que en primer lugar es descrita como una mujer de buen entendimiento. No solo era una persona inteligente sino comprensiva y sus decisiones eran sabias. Abigail puede ser descrita como una mujer con un buen sentido común. Actuar con entendimiento es hacerlo basada en la comprensión de una situación y no movida por las emociones. Esta esposa de un hombre necio había aprendido a hacer el bien, a obrar con entendimiento ante la falta de juicio de su marido. Ella no se dejaba gobernar por las emociones, era una mujer de principios que se movía por buenas convicciones. Abigail también es descrita como hermosa. Literalmente dice que era verdaderamente bella. No siempre se encuentra un tipo de mujer con esta buena combinación, hermosa e inteligente.

David, un hombre determinado pero enseñable es el tercer personaje de este instructivo drama. Es mencionado en el versículo 4 y lo conocemos como una persona decidida a conseguir objetivos. Desde muchachito, cuando nadie quería enfrentarse al gigante, obedeció al llamado de su Señor y determinó correr un riesgo que no cualquier jovencito generalmente toma. Era un hombre determinado a cumplir su propósito aunque paciente en su espera del momento oportuno.

David había pasado por momentos sumamente complicados y realizado un serio esfuerzo aun para mantenerse con vida. Sus experiencias habían sido estresantes y la presión que tenía encima lo había llevado a buscar una estrategia de supervivencia. Había estado entrenando a seiscientos hombres. Recuerde que él se había escondido en la cueva de

Adulam y hasta allí llegaron estos hombres con serios problemas. Pero David, siendo un hombre sabio, decidió no perder su tiempo. Él no se unió a un coro de expresión de lamentos, al contrario decidió entrenar a estos hombres endeudados, afligidos y presionados, para que cumplieran una función de vigilancia. Ellos eran como una especie de policía voluntaria de los campos de Parán, los desiertos cerca de Carmel.

Así como estamos observando que Abigail actuó con sabiduría pese a la necedad de su esposo y por eso fue bendecida, así también David había realizado un muy buen trabajo al entrenar a estos hombres con grandes necesidades. Actuaba con sabiduría a pesar de ser perseguido por un rey necio y estar rodeado de hombres molestos por las presiones que tenían. No solo los entrenó para batallar, sino para ser personas de respeto.

Examine el versículo 15 y encontrará el reporte que había llegado a la esposa de Nabal. Observe la descripción que realizan los empleados de Nabal y Abigail, de estos individuos que fueron transformados bajo la dirección de David y su propia determinación a cambiar:
*"Y aquellos hombres han sido muy buenos con nosotros, y nunca nos trataron mal, ni nos faltó nada en todo el tiempo que anduvimos con ellos, cuando estábamos en el campo".*

David había tenido una influencia extraordinaria a pesar de la situación problemática que vivían las personas que se juntaron con él y por actuar bien, con una actitud positiva y sabiduría, logró motivar al cambio a los que se relacionaron con él. Los motivó a ser fieles, a ser hombres leales que cumplían adecuadamente su trabajo. David y Abigail habían determinado que a pesar del carácter, la condición y la actuación de quienes le rodeaban, ellos actuarían sabiamente.

# Conflictos naturales que revelan nuestra madurez

Los conflictos no destruyen la vida de una persona pues la existencia incluye desacuerdos. Debido a que son luchas de intereses, siempre los enfrentaremos. Las relaciones interpersonales incluyen confrontaciones pues tenemos gustos e intereses distintos. La vida familiar incluye disputas pues cada miembro de la familia tiene distinta forma de pensar.

Los diferentes gustos, las distintas formas de ver la vida, las concepciones, los principios, los valores, la formación, la moralidad, nos llevan a un choque de ideas y gustos que producen problemas. Éstos son naturales, pero la respuesta sabia a ellos no es natural. Un buen manejo de los desacuerdos contribuye a aumentar nuestra sabiduría, pero en sí los conflictos son neutros y sólo revelan nuestro carácter. La presión que recibimos de ellos, saca lo mejor que tienen los maduros y lo peor que tienen los que no lo son.

*"Los conflictos sacan lo mejor de los maduros y lo peor de los que no los son. En medio de los problemas los inmaduros revelan su insensatez y los maduros su prudencia. Los enfrentamientos en la vida matrimonial sacan desprecio, gritos, maltrato, insultos, o violencia del cónyuge inmaduro y respuestas de confrontación, discusión sabia, autoridad, respeto, energía y sabiduría del cónyuge maduro".*

## Conflictos en la relación conyugal

La vida conyugal nos introduce a una relación muy cercana, que debe ser íntima para que funcione, pero esa misma cercanía pone a prueba nuestra habilidad para hacerlo sabiamente, capacidad que no es natural y que si nuestros padres lo ignoran o perjudican, nunca se desarrollará apropiadamente.

Muchas esposas anhelan una vida matrimonial sin conflictos, pero la verdad es que no existe. Viven con el recuerdo de la época de enamoramiento en la que debido a la pasión pasaban por alto las fallas, evitaban al máximo molestar a la persona amada y trataban de ocultar sus defectos. Muchas viven con el recuerdo de una hermosa luna de miel y un primer año de cercanía y respeto, pero la vida no es siempre así y la relación matrimonial, debido a las diferencias, siempre nos introduce en el mundo decepcionante y desafiante de los conflictos.

Cuando un esposo inmaduro enfrenta conflictos utiliza lo que tiene a su disposición y por ello puede mostrarse como un Nabal, un necio, un esposo o hacendado que maltrata, que prefiere un conflicto con sus empleados y su esposa en lugar de cumplir con responsabilidad sus obligaciones. Cuando una esposa madura enfrenta el mismo conflicto también utiliza lo que tiene a su disposición y por eso lo que se ve en ella, es una Abigail sabia, una esposa amorosa que se somete a Dios, que quiere que las personas hagan lo que Dios manda, no lo que ella quiere, que hace esfuerzos por llegar a conciliaciones y cuando no puede, por lo menos les advierte y actúa tan sabiamente que les evita más terribles consecuencias. Algunos detalles revelados en este pasaje de la Biblia nos muestran como los acontecimientos comienzan a desarrollarse.

El primer conflicto es descrito en el versículo 3 y ocurre en el contexto de la relación matrimonial. Había un problema entre esposo y esposa. Al igual que en su caso, los cónyuges eran muy opuestos. Tenían distintos temperamentos, estilos de vida, comportamientos, actitudes y diferentes filosofías de vida.

Recuerde que en esos días usted no escogía solo su esposa. Más bien eran los padres lo que tenían esta tarea. Como cualquier otro método de elección, este no era perfecto, pero

*Capítulo 6*

independientemente de la forma como usted llega a su relación conyugal no existe excusa para continuar viviendo mal. Al final de una de mis conferencias se acercaron un par de muchachitos de unos 20 años. Ella estaba embarazada y vivían una seria crisis. Debían decidir si debían casarse o no pues la presión de los padres era que no se casaran, basados en la tesis de que todo lo que comienza mal termina mal. Eso no es verdad. No todo lo que se inicia mal termina igual. Todo lo que se inicia mal y continua así termina en pérdida. Ellos tienen toda la oportunidad de enmendar sus errores, aceptar las consecuencias y someterse a la voluntad divina, entonces su vida conyugal será distinta.

Independientemente como usted haya llegado a su relación conyugal. Sea que se casó enamorada y el príncipe cambió de forma o se dio cuenta en la etapa de enamoramiento que su príncipe se convertía en sapo y no huyó despavorida, o que la transformación haya ocurrido en la vida conyugal, igual tiene la responsabilidad de vivir con sabiduría la situación que eligió. Por supuesto que existen personalidades que parece que encajaran como anillo al dedo y otras en que las personas son tan diferentes que parece que nunca deberían haberse conocido y menos relacionado, pero todas exigen que los individuos aprendan a relacionarse y que cada uno aprenda a decir, "no" a las cosas malas y "si" a las cosas buenas de la relación interpersonal.

Las personalidades y la forma de comportarse de Nabal y Abigail eran totalmente distintas. Nabal actuaba como necio, pero la esposa tenía la suficiente sabiduría para enfrentar no solamente los problemas, sino, además, vivir con inteligencia y alegría. Abigail no estaba casada con cualquier hombre sino uno que es descrito como deshonesto y obstinado. Una búsqueda de sinónimos en el diccionario le asigna otros títulos que seguramente usted no quisiera que sirvieran como descripción de su marido: terco, cabezudo, testarudo, intratable, inflexible, intransigente.

*"Independientemente de la forma que usted llegó a su
relación conyugal tiene la obligación y responsabilidad de
vivir una vida matrimonial saludable y normal.
Los errores del pasado no tienen porque destruir su futuro"*

## Conflictos en la relación laboral

Las características de una persona que no ha aprendido a relacionarse como debe, se evidencian igual o de distintas formas en las diferentes relaciones que tiene. Este obstinado y terco marido no era una mansa paloma en su relación laboral. Si usted observa el final del versículo 4 descubrirá que existe otro conflicto, esta vez entre el empleador y el empleado. Observe lo que dice este versículo: *"Nabal esquilaba sus ovejas. Entonces envió David diez jóvenes y les dijo: Subid a Carmel e id a Nabal, y saludadle en mi nombre, y decidle así: Sea paz a ti, y a toda tu familia, y paz a todo cuanto tienes".*

David estaba siguiendo un proceso normal al tratar de conseguir el pago por sus servicios. Él instruyó a su personal para que actuarán dentro del marco de respeto que era necesario al relacionarse con un rico hacendado. Luego el versículo 7 agrega: *"He sabido que tienes esquiladores. Ahora, tus pastores han estado con nosotros; no les tratamos mal, ni les faltó nada en todo el tiempo que han estado en Carmel. Pregunta a tus criados, y ellos te lo dirán. Hallen, por tanto, estos jóvenes gracia en tus ojos, porque hemos venido en buen día; te ruego que des lo que tuvieres a mano a tus siervos, y a tu hijo David".*

Todavía las conversaciones se desarrollaban normalmente debido a que los jóvenes instruidos por David estaban siguiendo fielmente las instrucciones. Solo llegaron a explicar con detalles como habían realizado su trabajo. Le informan a Nabal que ellos han cuidado de sus pastores, les habían suplido lo que les faltaba y que, además, los habían tratado bien.

## Capítulo 6

La forma como estaban manejando la situación era sencilla y respetuosa. Ellos prácticamente estaban diciendo: *"Señor Nabal, nosotros formamos parte de un grupo de protección que ha estado cuidando a sus pastores. Hemos hecho todo lo posible para que no les falte nada y les hemos tratado con gran respeto. Ahora, nosotros hemos venido en este momento de paga porque quisiéramos recibir una propina por el trabajo fiel que hemos realizado".*

Usted no descubre nada malo en la presentación que hicieron los jóvenes enviados por David. Esta era una costumbre y precisamente en el tiempo de la esquila de las ovejas, se recompensaba a los hombres que habían protegido a los pastores.

David no fue personalmente, solamente envió a sus hombres para que buscaran alguna forma de compensación. A David no le interesaba si le daban dinero u ovejas pues estaba dispuesto a recibir lo que Nabal les entregara.
El versículo 9 la respuesta el final de la presentación de los jóvenes: *"Cuando llegaron los jóvenes enviados por David, dijeron a Nabal todas estas palabras en nombre de David, y callaron".*

Ellos plantearon su argumento y estaban allí, como si hubieran extendido la mano para que les dieran la recompensa, pero la respuesta de un hacendado terco y deshonesto es impactante: Dice el versículo 10: *"Y Nabal respondió a los jóvenes enviados por David y dijo: ¿Quién es David y quién es el hijo de Isaí? Muchos siervos hay que huyen de sus señores".*

Esta odiosa respuesta comunicaba lo siguiente: *"Hay un montón de mercenarios y personas indeseables que andan por allí y que han huido de sus lugares de trabajo, yo no sé ni siquiera quien es David, mucho menos quien es Isaí, así que es mejor que se vayan".* En el versículo 11 pregunta: *"¿He de tomar yo ahora mi pan, mi agua, y la carne que he preparado para mis esquiladores, y darla a hombres que no sé de dónde son?".*

Sin duda la reacción de Nabal mostró su profundo desprecio por el trabajo realizado por ellos y su negativa a recompensarlos de cualquier forma. El versículo 12 muestra el final de este encuentro, pero no el final del conflicto: *"Y los jóvenes que había enviado David se volvieron por su camino, y vinieron y dijeron a David todas estas palabras"*.

## Una mujer sabia pese a una amenaza peligrosa

Abigail no solo mostró sabiduría en la forma como se relacionaba con su marido, sino que demostró que sabía manejar sabiamente las amenazas y conflictos con otras personas. Por supuesto que David estaba muy molesto y dispuesto a confrontar la situación con toda su fuerza.
La reacción de Nabal a la petición que David realizaba fue tan necia que movió a David a una airada respuesta.

Recuerde que este es el mismo hombre que meses antes había evitado responder con maldad a la perversidad de Saúl. A pesar del maltrato y la persecución del rey, usted podía observar la sumisión y paciencia de David. Esto significa que usted puede ganar una batalla en el ayer y haber respondido bien ante el mal, pero eso no garantiza que tendrá éxito hoy. Lo que demuestra es que los cónyuges deben estar siempre vigilantes y vivir cada día y experiencia como si fuera una prueba de nuestro carácter humano, realizada por el gran Maestro Divino.

Debemos cuidar que nuestras palabras, actitudes y acciones estén inundadas de sabiduría y respeto a pesar de que las reacciones de nuestro cónyuge sean una muestra de necedad e irrespeto.

Debemos cuidar que nuestras palabras, actitudes y comportamiento honren al Dios que nos ama y nos respeta y no intenten destruir a quien no demuestra amor y más bien muestra irrespeto. Usted puede tener una gran cantidad de paciencia hoy; pero esto no es garantía de que la tendrá mañana cuando el ataque venga. Dios no nos da cierta cantidad de paciencia que vamos acreditando en nuestra cuenta como un lugar de provisiones.

## Cada día es un nuevo comienzo.

Éste era un terrible momento para David. No creo que exista un buen instante para ser maltratado, pero este era el peor de los momentos. Cuando él y sus hombres necesitaban alimentarse y recibir la recompensa esperada, sus jóvenes mensajeros llegan sin nada. Dice en el versículo 12 lo siguiente: *"Y los jóvenes que habían enviado David, se volvieron por su camino y vinieron y dijeron a David todas estas palabras"*.

Ellos le contaron que habían sido despreciados y que Nabal se había negado a recompensarlo. Note la reacción de David: *"Entonces David dijo a sus hombres: Cíñase cada uno su espada. Y se ciñó cada uno su espada y también David se ciñó su espada; y subieron tras David como cuatrocientos hombres, y dejaron doscientos con el bagaje"*.

David pensó que cuatrocientos hombres eran suficiente compañía para dar una severa lección a un hombre necio llamado Nabal. Estaba tan indignado que no quería dar ninguna ocasión para ser derrotado. No había necesidad de hacerse acompañar de cuatrocientos hombres para asesinar a Nabal, pero David debía aprender una gran lección.

Alan Redpath, en un libro acerca de David titulado: **La Hechura de un Hombre de Dios** dice lo siguiente: *"David, ¿qué te pasa? Una de las cosas más grandes que hemos aprendido de ti es tu paciencia con Saúl. Tú aprendiste a esperar en el Señor y rechazaste levantar tu mano para tocar al ungido aunque él había sido tu enemigo por muchos años. Mírate a ti mismo David. Tu dominio propio se ha hecho pedazos y unas pocas palabras insultantes de un tonto te han hecho ver todo nublado. ¿Qué pasa* *contigo David?"*. La respuesta de David es: *"Es justo que yo haga esto. No hay razón para que Nabal nos haya tratado así como lo ha hecho. Él ha contestado todas mis amabilidades con insultos. Voy a mostrarle cuan necio ha sido. Una cosa era haber cedido ante Saúl, que en ese momento era mi superior pero este individuo tiene que aprender una lección"*.

David se había indignado por la respuesta errónea de este terco individuo y no había entendido que a pesar de las equivocadas acciones, nosotros somos responsables de nuestras reacciones.

*"Los cónyuges deben estar siempre vigilantes y vivir cada día y experiencia como si fuera una prueba de su carácter humano, realizada por el gran Maestro Divino. Califíquese honestamente para determinar cual es su reacción frente a toda situación"*.

## Dos males nunca resultan en un bien

Creo que muchos podemos identificarnos con lo que David sentía en este momento. Él estaba tan frustrado que determinó hacer el mal a quien le había tratado con maldad, a pesar de que esa no es la formula divina. No existe ningún versículo bíblico que le ordene o motive a obrar erróneamente a pesar del mal que le han causado. Seguramente no hemos preparado nuestra espada para destruir a quien nos ha tratado inapropiadamente, pero sin duda, en nuestra mente en algún momento hicimos planes y esperamos la oportunidad para atacar, aprovechando la vulnerabilidad de la otra persona. David tenia razón al pensar: *"No es justo lo que nos hicieron, tenemos todo el derecho a que por lo menos nos den comida por todo el trabajo que hemos realizado"*.

Ese hombre necio merecía ser confrontado, con gran firmeza por su injusticia, deshonestidad, desprecio e irrespeto, pero no es la forma que Dios espera de un siervo suyo. Es posible que usted también tenga todo el derecho de declarar que su esposo es deshonesto, injusto, que la desprecia e irrespeta, pero tampoco tiene el derecho de obrar mal, cuando ha recibido un trato malvado.

La Biblia incluso nos ordena amar a nuestros enemigos. Usted no debe hacer el mal sino el bien. No puede odiar al esposo que se ha equivocado, sino amarlo. Ni pagar con desprecio, maltrato, abuso o violencia, a quien actuó con usted de esa manera. El deber es amar a nuestros enemigos. Pero no defina el amor como aquel sentimiento hermoso que experimenta cuando se enamora. Ese sentimiento de cercanía y fijación, de cariño y ternura es solo una parte del amor. Nunca experimentará sentimientos de cercanía, ternura y atracción por quien le maltrata, ignora o es violento. Más bien estará enojada, molesta y con grandes deseos de confrontar el problema sin dejar de amar.

Si persiste en maltratarle y es un peligro porque no tienen ninguna intención de cambiar pese a las oportunidades que le ha brindado, tiene todo el derecho de alejar a ese individuo peligroso y destructivo de su vida y si lo hace con sabiduría y prudencia, no deja de amarlo, al contrario lo seguirá haciendo aunque la trate como un enemigo.

## Un bien siempre confronta a un mal

La actuación correcta siempre es una confrontación al mal. Independientemente si la persona que está haciendo mal lo entienda o no, si ha recibido la exhortación y ha sido motivado al cambio o al contrario se ha enfadado y quiere seguir pecando, la buena confrontación siempre expone el mal y motiva a la persona a actuar bien. La conducta incorrecta y pecaminosa siempre motiva a una respuesta errónea.

Nabal actuó mal y David determinó pagarle con la misma moneda. El esposo de Abigail, actuó erróneamente, pero ella decidió hacerle bien. Note lo que ocurre en ésta historia y como las circunstancias dieron un vuelco espectacular.

Abigail vivía al lado de un hombre necio y si hubiera actuado de manera incorrecta, este era el momento preciso para buscar venganza, o por lo menos permitir que le dieran a su necio marido una terrible lección. Observe como Abigail con el bien, confronta el mal:

## *Abigail: actuación sabia frente a la realidad*

Abigail no trataba de tapar el sol con un dedo. No podía defender lo imposible, pero aceptaba esa realidad que había aprendido a conocer y a enfrentar con sabiduría. La esposa del necio Nabal tenía la oportunidad de su vida para atacar al terrible problema, y debido a su madurez determinó actuar sabiamente frente a su realidad. Si hubiera elegido obrar con maldad, esta era la ocasión de deshacerse de él.

Cuando recibió información de su sirviente de que David venía para terminar con la necedad de su esposo, tenía la oportunidad de librarse de un hombre terco. El versículo 14 relata la respuesta de Abigail al ser informada que 400 hombres venían a darle la lección a su marido: *"Pero uno de los criados dio aviso a Abigail, mujer de Nabal diciendo: He aquí David envió mensajeros del desierto que saludasen a nuestro amo, y él los ha herido"*. Este es el informe que dan los empleados sobre Nabal, su patrón y esposo de Abigail. El versículo 17 agrega: *"Ahora, pues, reflexiona y ve lo que has de hacer, porque el mal está ya resuelto contra nuestro amo, y contra toda su casa; pues él es un hombre tan perverso que no hay quien pueda hablarle"*.

El informe de sus propios empleados confirma la calidad de persona que era Nabal. Ellos están diciendo, recuerda que tu marido es un hombre perverso y no hay forma de entenderse con él, por lo tanto, su respuesta será la típica respuesta grosera y ya no hay nada que hacer. Esta sabia mujer ve a su esposo tal como es y sabe que no es un hombre perfecto. A pesar de que podía actuar con injusticia frente a los actos rebeldes de su terco marido, ella decidió buscar la forma de conciliar, de proteger a su marido pese a su conducta errónea.

No decidió apoyar su maldad, sino buscar la forma de lidiar bien con las personas a las cuales su marido había ofendido y con las consecuencias que él había buscado. En el versículo 18 podemos observar la estrategia que ella planificó para lidiar con la situación: *"Entonces Abigail tomó luego doscientos panes, dos cueros de vino, cinco ovejas guisadas, cinco medidas de grano tostado, cien racimos de uvas pasas, y doscientos panes de higos secos, y lo cargó todo en asnos".*

## *Abigail: actuación inteligente frente a una necesidad*

Abigail tomó la decisión de enfrentar las consecuencias que su marido había provocado. Ella debía actuar con inteligencia para lidiar con quienes habían determinado destruirlo, así que con mucha astucia y diligencia, lleva algo de comer para aquellos hombres enojados y hambrientos. *"Y dijo a sus criados: Id delante de mí, y yo os seguiré luego; y nada declaró a su marido Nabal".*

Su inteligente plan incluía enviar primero a sus criados, luego llegar ella y no informar nada a su marido. Ésto no significa que era una mujer rebelde, sino más bien describe a una esposa sumisa, pero no ingenua. Sabía exactamente cual sería la respuesta de su marido al enterarse de lo que ocurriría y para protegerlo, toma la decisión de enfrentar a los hombres de David pues quería evitar que Nabal tuviera una de esas acostumbradas reacciones necias que le produciría mayores problemas.

La verdad es que algunos de los mejores consejos que un hombre puede obtener, provienen de los labios de la esposa, que actúa con sabiduría. Nadie conoce más al marido que ella, y al obrar inteligentemente, con gracia y respeto, puede ser la ayuda más constructiva, dar la dirección y la exhortación acertada, pues cuando la mujer actúa sabiamente no solo tiene en mente el bien de su marido, sino el deseo de honrar a Dios con sus acciones. La mujer prudente sabe lo que tiene que hacer, cuándo obrar y cómo realizarlo.

Estoy seguro que hay contadas situaciones en las que es sabio evitar comunicar al esposo algo que al hacerlo puede producirle consecuencias más graves. No olvide que por ser terco, con seguridad Nabal iba actuar con necedad frente a las 401 personas que venían para atacarlo. Sin duda hubiera abierto la puerta para una tragedia. Abigail no actuó en secreto en contra de él, al contrario, obra en secreto a su favor para salvarle la vida. David viene enojado, con hambre, y note lo que dice en el versículo 20: *"Y montando en asno, descendió por una parte secreta del monte; y he aquí David y sus hombres venían frente a ella, y ella le salió al encuentro"*.

Sin duda, actuaba como una mujer prudente que utiliza su inteligencia para enfrentar una seria necesidad. Al verla David se detiene y puede observar la actitud de Abigail en el versículo 23: *"Y cuando Abigail vio a David, se bajó prontamente del asno, y postrándose sobre su rostro delante de David, se inclinó a tierra"*.

*"Cuando en nuestras relaciones conyugales tenemos conflictos por resolver, somos propensos a sentirnos presionados y actuar equivocadamente, pero quien determina obedecer a Dios y actuar con prudencia e inteligencia, logrará relaciones maritales de excelencia".*

## Características claves de una mujer prudente

Muchas mujeres participan en la destrucción de su relación conyugal por la forma equivocada como reaccionan frente a las actitudes y acciones erróneas de sus cónyuges. Ellas tienden a acusar a sus maridos de la destrucción de la familia, pero una mala reacción a una dañina acción también contribuye a esa terrible destrucción. Un proverbio dice que la mujer sabia edifica su casa, mas la necia con sus manos la destruye. Abigail fue sabia para tratar a su necio marido, no solo demostró su inteligencia, sino también su prudencia. Había pensado muy bien lo que iba a hacer y decir. Dedicó tiempo para planificar el enfrentamiento y como lidiar con la situación.

Esa es la actitud correcta de una mujer sabia. Ella no tuvo una reacción improvisada ni se dejó llevar por las emociones, más bien de alguna manera, entre la tensión de la situación y sus ocupaciones, planificó toda la acción. Observe algunas de las características de una mujer prudente.

### *El tacto, clave para el respeto.*
*"Se bajo prontamente del asno, y postrándose sobre su rostro delante de David, se inclinó a tierra"*. Eso es tacto, mesura, discreción y buen juicio, es saber hacer las cosas adecuadamente. Ella se llama a sí misma sierva seis veces, y le llama a David mi señor ocho veces, toma una actitud de sierva, de humildad y respeto y se nota como con tacto maneja la situación, versículo 24: *"Y se echó a sus pies, y dijo: Señor mío, sobre mí sea el pecado; mas te ruego que permitas que tu sierva hable a tus oídos, y escucha las palabras de tu sierva. No haga caso ahora mi señor de ese hombre perverso, de Nabal; porque conforme a su nombre, así es"*.

Note algo importante. El actuar con tacto no elimina la responsabilidad de admitir la realidad. Ella no dice que su marido es un ángel, sino que es un hombre perverso. Conocía muy bien a su marido; pero no huye de su relación matrimonial sino que determina confrontar los problemas con su sabiduría. Lo conocía tan bien que dice: *"Porque conforme a su nombre, así es. El se llama Nabal, y la insensatez está con él; mas yo tu sierva no vi a los jóvenes que tú enviaste"*.

El tacto también se ve en las palabras de Abigail. Ella quiere decir: *"Cuando tus hombres vinieron y soportaron el maltrato de mi esposo, yo no estaba allí para poder ayudar, por eso he venido para interceder en esta situación. Quisiera ser una mediadora entre el terco de mi marido y entre tus respetables hombres, porque fueron tratados injustamente".*

## La fe, clave para una buena actuación

Una mujer que tiene fe no es simplemente aquella que asiste a una iglesia sino que en las situaciones que enfrenta en la vida aplica los principios y valores que son parte de su fe y confía en que si hace lo que Dios le dice, Él se encargará de lo que nosotros no podemos manejar. Eso fue precisamente lo que hizo Abigail. Existían cosas que ella no podía cambiar y quedaban totalmente en las manos de Dios, pero también existían otras que eran su responsabilidad y debía actuar conforme a los principios y mandatos de Dios.

El versículo 26 nos muestra este aspecto importante en la vida de esta sabia mujer: *"Ahora pues, señor mío, vive Jehová y vive tu alma, que Jehová te ha impedido el venir a derramar sangre y vengarte por tu propia mano. Sean, pues, como Nabal tus enemigos, y todos los que procuran mal contra mi señor. Y ahora este presente que tu sierva ha traído a mi señor, sea dado a los hombres que siguen a mi señor. Y yo te ruego que perdones a tu sierva esta ofensa; pues Jehová de cierto hará casa estable a mi señor, por cuanto mi señor pelea las batallas de Jehová, y mal no se ha hallado en ti en tus días".*

Ella le dice: *"David, yo veo en ti al próximo rey pues Dios para eso te tiene reservado, no cometas el error de ensuciar tu historial con un asesinato. Tú eres muy grande, serás el rey y no es sabio que pelees una batalla y te manches cuando tu Señor las puede pelear por ti. Ciertamente te han hecho mal; pero el asesinato no es la respuesta, espera, toma lo que yo te traje y regresa en paz por favor y sin crear más confusión y destrucción".* Abigail no solo está dando una cátedra a David para obrar bien, ella tiene un excelente antecedente para mostrar, pues por años había actuado de manera correcta con su necio esposo, tanto que ahora le pide a David que actúe bien.

En el versículo 30 ella le demuestra a David su fe en Dios y en sus planes soberanos: *"Y acontecerá que cuando Jehová haga con mi señor conforme a todo el bien que ha hablado de ti, y te establezca por príncipe sobre Israel, entonces, señor mío, no tendrás motivo de pena ni remordimientos por haber derramado sangre sin causa, o por haberte vengado por ti mismo. Guárdese, pues, mi señor, y cuando Jehová haga bien a mi señor, acuérdate de tu sierva".* ¡Que tacto! ¡Que fe de una mujer tan sabia para enfrentar las situaciones más difíciles! No solo con su marido, sino también con otras personas. Ella le está diciendo: *"David no tienes que ensuciar tu historial, ni necesitas mancharlo, no cometas el error de fallarle al Señor que te ha llamado a administrar justicia y a vivir en ella. Tú serás el rey, prepárate para ese momento y cuando estés en tu reino, acuérdate de tu sierva también".* Esta es una tremenda súplica.

Toda mujer que desea vivir con sabiduría y disfrutar de los resultados de hacer lo correcto, debe comportarse bien cuando le hacen mal pues es muy fácil obrar bien cuando nos tratan igual. Cuando usted se enfrente a decisiones críticas tiene que hacer algo verdaderamente creativo, para poder enfrentarlo.

No hay un manual que pueda indicarle que hacer en los momentos críticos cuando depende de su discernimiento. La vida de Nabal estaba en la cuerda floja y dependía de cuan sensible era el fusible que tenía David. Su vida estaba en peligro. Su esposa vio eso y decidió: *"Bueno si mi esposo no quiso darles lo que ellos merecían por el trabajo realizado, entonces, yo voy a cumplir la obligación que tenemos con los recursos que están disponibles. Yo voy a pagar en parte lo que mi esposo debe aunque él no esté de acuerdo, pues es lo correcto. Haré lo correcto y al cumplir nuestra obligación es posible que también cambie su corazón".* Y eso fue precisamente lo que ocurrió.

La acción correcta a pesar de la reacción necia, la respuesta matizada con tacto a pesar de la insensibilidad y rudeza del esposo y la actitud que demostraba su fe a pesar de que su esposo la compartía, motivó a David a cambiar sus planes destructivos.

Toda mujer que tiene un marido pecador, y eso incluye a todas mis lectoras, tiene dos opciones: puede vivir en la miseria y la angustia de una relación conflictiva y destructiva, o prepararse para enfrentar con sabiduría y prudencia las situaciones problemáticas cada día. Todos enfrentaremos, tarde o temprano conflictos y crisis de distintas naturalezas. Crisis económicas, de salud, en la vida conyugal, pero debemos aprender a enfrentarlas con la sabiduría que actuó Abigail. Mientras tenga aire en sus pulmones, tiene propósito para vivir.

A través de los años enfrentará crisis y tendrá la oportunidad de construir su vida basada en su tacto, fe, sabiduría y prudencia. Es triste la vida de las mujeres que eligen simplemente vivir curándose las heridas con remedios caseros, en vez de adquirir conocimiento, aplicar sabiduría y discernimiento en las situaciones que enfrente en todo momento.

*"Muchas mujeres participan en la destrucción de su relación conyugal por la forma equivocada como reaccionan frente a las actitudes y acciones erróneas de sus cónyuges.*
*Ellas tienden a acusar a sus maridos de la destrucción de la familia, pero una mala reacción frente a una dañina actuación, también contribuye a esa terrible destrucción".*

## Capítulo 6

# *El discernimiento, clave para una buena reacción*

La sabia reacción de Abigail no resultó de una actuación emocional o una respuesta súbita sin reflexión. Abigail examinó el asunto por todos lados, evaluó el conflicto desde todos los ángulos para determinar su estrategia para enfrentarlo. Ella pensó: *"ahora estoy viviendo una crisis difícil con mi marido y con cientos de personas que ponen en peligro a toda la familia como producto de las acciones necias de Nabal, si yo actúo mal en tiempos de crisis, no participo en la solución, sino que contribuyo a la destrucción"*.

Usted puede observar que tiene todo en mente, tal como lo hace una mujer de fe que actúa con tacto. Está pensando en Dios, en el bien de su marido, en su familia, está reflexionando sobre David y sus hombres y obviamente en ella. Esa es la razón por la que le dice a David: *"Acuérdate de tu sierva cuando te hagas cargo de tu reinado"*. Observe la respuesta de Dios y David a la actuación correcta de Abigail: *"Bendito sea el Jehová, Dios de Israel, que te envió para que hoy me encontrases"*.

David evidenció lo que podemos observar en las personas sabias y prudentes. David notó que era una enviada de Dios para enseñarle una gran lección. El marido de Abigail era necio y testarudo, pero David, quien fue llamado UN HOMBRE CONFORME AL CORAZON DE DIOS era sabio y enseñable. Él aceptó lo que una mujer totalmente desconocida le dijo. Tenía su espada lista para ser usada; pero miró a esta mujer, la escuchó, y cambió todo su comportamiento. ¡Ojalá!, el marido de Abigail hubiera tenido el mismo espíritu enseñable que David, pero aunque no lo tenía, ella si tenía la obligación de relacionarse con ambos. Debía relacionarse con un marido necio y un desconocido enseñable y amable.

El discernimiento de Abigail le ayudó a evaluar cada situación y le preparó el terreno para tener buenas acciones a pesar de las malas actuaciones. Ella evaluó a su marido y al próximo rey y tuvo la respuesta sabia, prudente y apropiada a personas en situación y relación muy diferentes pues quien tiene sabiduría y discernimiento lo demuestra en todas las situaciones. Abigail amó demasiado a su esposo como para permitir su destrucción y amó demasiado a David como para dejarlo hacer lo indebido.

El versículo 33 nos muestra esta siguiente característica que Abigail. Ella la evidenció y David la observó. David dice a Abigail: *"Bendito sea tu razonamiento"*. La palabra significa discernimiento. David le dice, *"Abigail, bendita seas tú porque me has estorbado hoy cuando iba a hacer lo incorrecto, cuando iba a derramar sangre, y a vengarme por mi propia mano"*.
Luego en el versículo 35 dice: *"Y recibió David de su mano lo que había traído, y le dijo: Sube en paz a tu casa, y mira que he oído tu voz, y te he tenido respeto"*.

Una de las más hermosas consecuencias de una actuación con discernimiento es el respeto que puede generar. Eso precisamente ocurrió en ésta experiencia. La verdad es que no siempre nuestras actuaciones sabias producen respeto, pero siempre que actuamos con tacto, fe, prudencia y discernimiento nos convertimos en personas respetables. Si usted quiere ser una mujer valorada tiene que actuar adecuadamente, debe tener tacto y fe como Abigail.

La mejor prueba para saber si usted es una mujer de respeto es que algunos la admirarán y otros la ignorarán e incluso irrespetaran. Esto lo encontramos en las distintas reacciones de estos dos hombres con quienes Abigail tuvo que enfrentar conflictos. Si usted esperaba que Abigail regresara a su casa, y su esposo la admirara por su excelente discernimiento, terminará decepcionada.

## Capítulo 6

No se olvide que Abigail estaba casada con un hombre necio. Observe lo que ocurrió según el relato del versículo 36: *"Y Abigail volvió a Nabal, y he aquí que él tenía banquete en su casa como banquete de rey; y el corazón de Nabal estaba alegre y estaba completamente ebrio, por lo cual ella no le declaró cosa alguna hasta el día siguiente".*

Abigail había arriesgado su vida por un hombre que estaba muy preocupado de su propio mundo de amigos y diversión. Una vez más debía actuar con tacto para no revelar nada a un hombre borracho. Actuar con fe demostrando con sus acciones su obediencia a Dios. Obrar con discernimiento y esperar el momento oportuno para decir lo que debía, con la actitud adecuada. El versículo 37, dice: *"Pero por la mañana, cuando ya a Nabal se le había pasado los efectos del vino, le refirió su mujer estas cosas; y desmayó su corazón en él, y se quedó como una piedra".*

Abigail hizo lo que una mujer sabia y prudente debe hacer. Los resultados de una actuación sabia como esta quedan en las manos de Dios. Él sabe hacer justicia en el momento oportuno. Esta es una extraordinaria historia de equilibrio. Supo cumplir su responsabilidad y esperar en Dios en lo que ella no podía cambiar. Respetó a su marido y demostró su amor, pero no estaba de acuerdo ni defendía los pecados y errores que él cometía.

Es muy posible que debido a lo impactante del relato acerca de lo que había hecho esta mujer con discernimiento, Nabal tuvo una fuerte impresión y haya sufrido un ataque cardíaco que lo llevó a la muerte después de unos días. Ella le contó la historia de estos 401 hombres que venían para cortarle la cabeza, y puede que esto le haya causado una impresión fulminante. Los efectos lo vemos en el versículo 38: *"Y diez días después, Jehová hirió a Nabal, y murió".*

## Final de una actuación impactante

La actuación de Abigail puede ser descrita como impresionante. Espero que impacte su vida y le motive a ser una mujer como Dios lo demanda. No tiene que ser la esposa que su marido quiere, ni como usted desea. Cuando somos lo que Dios planifica, Él sabe cómo arreglar las situaciones que escapan a nuestra capacidad.

Es sorprendente como Dios obra cuando dejamos las cosas en sus manos, no siempre hará lo que queremos; pero siempre obrará lo que es bueno. Cuando usted haga lo correcto, se sorprenderá de la forma como Dios actúa. Sea una mujer de fe, actúe con tacto y discernimiento, cumpla su responsabilidad y Dios cumplirá el plan de bien que tiene para usted. Cuando Dios vio la fidelidad de Abigail, le hizo justicia.

Me encantan las historias con finales felices pero no todas terminan de la misma manera. Un poco después de enterrar a su esposo, en el siguiente versículo, se nos relata esta historia como si fuera un cuento de hadas, dice el versículo 39: *"Luego que David oyó que Nabal había muerto, dijo: Bendito sea Jehová, que juzgó la causa de mi afrenta recibida de mano de Nabal, y ha preservado del mal a su siervo; y Jehová ha vuelto la maldad de Nabal sobre su propia cabeza. Después envió David a hablar con Abigail, para tomarla por su mujer".*

*"Una esposa no debe ser lo que ella desea,*
*ni lo que su marido quiere, sino lo que Dios demanda,*
*aunque no le agrade ni a ella ni a su marido".*

## Buen premio para una buena actuación

En este drama de la vida real, la actuación de Abigail merece muchos oscares. Ella obró como Dios quería y obtuvo un excelente premio por su extraordinaria labor. Esta mujer que era un ejemplo para su marido y había enseñado una extraordinaria lección a David merecía el premio por su sabia actuación. David fue motivado a pensar: *"Yo no tengo que pelear batallas innecesarias. Ni crearme más problemas cuando ya existen suficientes. Dios pelea con más poder que yo, y es mejor esperar que Él dé el pago a quienes obran mal"*.

David nunca olvidó la lección recibida, la sabiduría de Abigail y la petición que ella le hizo. Por ello, cuando David se enteró de la muerte del terco Nabal decidió hacer algo importante: *"Y los siervos de David vinieron a Abigail en Carmel, y hablaron con ella, diciendo: David nos ha enviado a ti, para tomarte por su mujer"*.

Note la actitud de humildad, el romanticismo y el deseo de servicio que esta sabia mujer tiene. Observe como actuó según describe el versículo 41: *"Y ella se levantó e inclinó su rostro a tierra, diciendo: He aquí tu sierva, que será una sierva para lavar los pies de los siervos de mi señor"*.

Luego el versículo 42 muestra la respuesta de Abigail a esta hermosa propuesta y el final de este extraordinario drama: *"Y levantándose luego Abigail con cinco doncellas que le servían, montó en un asno y siguió a los mensajeros de David, y fue su mujer"*.

## Lecciones importantes de una mujer sabia

La actuación de Abigail deja importantes lecciones para todas las mujeres, especialmente aquellas que tienen una relación conflictiva:

La actuación necia de un esposo nunca es justificación para una reacción igual de la esposa. No existe solución en la reacción inmadura de la esposa ante una torpe acción de su marido. Los conflictos de la relación conyugal deben ser enfrentados sabiamente y no emocionalmente.

Si usted no es cuidadosa sus reacciones serán gobernadas por sus emociones heridas, en vez de una respuesta sana producto de la sabiduría. Si desea actuar sabiamente primero, dé importancia a sus emociones, pero reaccione por principios.

Segundo, observe el panorama y no solo el evento. No ponga atención únicamente a lo que ahora está ocurriendo, vea todo el panorama sobre todo lo que puede ocurrir con usted y los involucrados en el conflicto si no toma decisiones sabias. Recuerde que Abigail anticipó lo que podría suceder con su marido si no intervenía, le mostró a David lo que podría ocurrir si antes de ser rey decidía manchar su historial.

Cuando enfrente problemas vea el cuadro general de todo lo que va acontecer y no solamente lo ocurrido en el momento. Analice la situación por todos sus lados y no solo su interés personal.

Al observar el panorama general podrá darse cuenta que tal vez la actuación errónea de su marido en alguna medida ha estado siendo presionada por sus acciones equivocadas. Si se da cuenta que no puede manejar la situación busque consejo sabio de personas capacitadas, que le indiquen como ver hacía todos lados, especialmente las implicaciones de sus decisiones.

Tercero, evite actuar precipitadamente. Lo mejor que puedo decirles es que no vale la pena actuar rápidamente, aprendan a poner los frenos en el momento oportuno. En medio del afán, en muy raras ocasiones he tomado decisiones sabias. La verdad es que nunca lamento las cosas que no dije porque existen muchas oportunidades para poder decirlas, pero siempre lamento las cosas que dije pues una vez pronunciadas ya no puedo esconderlas.

Todos tendemos a precipitarnos, a reaccionar de inmediato y cuando lo hacemos no actuamos con sabiduría.

Cuarto, busque con dedicación la dirección divina. Solo al depender de la oración y la lectura de la Palabra de Dios podrá obtener la perspectiva divina. No importa cuanto tiempo necesite para pensar, investigar, reaccionar y hablar, le aseguro que rara vez actuará o responderá bien en medio del afán.

Quinto, determine utilizar el tacto, la fe y el discernimiento para relacionarse en todo momento.

## ...CAPÍTULO 7...

*"La más grande contribución que puede realizar una esposa sabia y que entiende con madurez su función, es evitar presionar a su esposo para que sea lo que ella espera, motivar y ayudar para que su marido sea lo que Dios planificó para él. No solo evitarán antagonismo y sufrimiento, sino que ambos tendrán contentamiento".*

# 7

## Conozca la gracia, al contribuir para que su esposo sea como Dios lo quiere

Uno de los peores errores que cometen muchas mujeres es luchar por años para cambiar a su esposo. Se necesita gracia para contribuir a que el esposo sea lo que Dios quiere y no viva presionado para ser lo que la esposa desea. Recibir a otros tal como Dios los creó no es fácil. Permitir que su esposo cumpla el propósito divino y no el suyo será siempre un gran desafío. Para aceptar a otros como Dios lo hace se requiere de mucha gracia, esa misma con la cual nuestro Dios nos ha recibido a pesar de no ser lo que Él quiere que seamos. La Biblia nos enseña que existe una gracia vertical que proviene de Dios hacia nosotros por medio de Jesucristo, pero también nos enseña que existe una gracia horizontal que debe fluir de nosotros hacía otros individuos.

Mientras más estudio la gracia, me doy cuenta que realmente es un estado de la mente. Es una actitud que todo cristiano puede escoger y que al utilizarla evidenciamos lo que Dios ha demostrado con nosotros. Él manifestó su gracia para con nosotros cuando estábamos perdidos, sin esperanza y sin tener absolutamente nada como pagarle, Él tuvo una actitud de gracia para nosotros. Convertirnos en dispensadores de este maravilloso regalo, indispensable para tener una relación conyugal saludable.

## Una sabia elección

Pablo enseña a los Efesios en el capítulo 5, versículo 1 que los hijos de Dios deben imitar el comportamiento divino y los exhorta a hacer con otros lo que Él ha hecho con nosotros. Sin duda quien elige vivir de esta manera realiza una sabia elección. Pablo sabía muy bien que no era fácil elegir una actitud positiva a pesar de lo negativo que existe en cada uno y en la gente que lo rodeaba, pero sabía que era esencial para el desarrollo de relaciones saludables. Entendía que no era fácil responder con amor y ternura a las personas que nos tratan inapropiadamente. Que es más fácil envolverse en la amargura debido a las heridas recibidas, en lugar de actuar con gracia con aquellos con quienes nos relacionamos, pero también sabía que la vida de gracia es la única que nos permite vivir con realización.

*"Sin gracia, las diferencias nos mueven a divorciarnos. Cuando actuamos con gracia, las diferencias nos motivan a apoyarnos. La gracia es el lubricante que suaviza las fricciones de quiénes somos diferentes, pero hemos decidido amarnos entrañablemente".*

Para nuestro caso, definiré la gracia como la actitud amorosa en favor de quien necesita amor y comprensión y que nos mueve a buscar el bien de esa persona aunque no lo merezca. Aristóteles definió la gracia como la ayuda que brindamos a alguien en necesidad sin esperar nada en respuesta. Eso es lo que necesitamos en la relación matrimonial. Creo que todos estamos de acuerdo que la gracia es una de las características esenciales de la conducta divina.

No podemos hablar de Dios sin hablar de su gracia, pues es una de aquellas virtudes que los seres humanos no podemos tener sin que Dios sea parte de nuestra vida. La conclusión aunque parezca dura, es real: Una de las razones para

## Capítulo 7

tantos conflictos en las relaciones humanas es la ausencia de gracia. Los matrimonios nunca se destruyen y no existe abuso en las familias cuando la gracia está presente. No existiría divorcio, ni parejas en angustia por ser despreciadas, ni personas maltratadas si en la relación matrimonial fuera utilizada. La gracia es el profundo respeto que existe entre los cónyuges. Es el interés, la consideración, la deferencia, la atención que se brinda a una persona. Es la virtud que nos permite exhortar con tacto y ternura, enojarnos con justicia para actuar con energía y nos impulsa a tomar la iniciativa para perdonar y reconciliarnos con misericordia y amor como nuestro Salvador lo haría.

Si después de haber dado muchos pasos, cree que su matrimonio debe terminar sin tener en cuenta el consejo bíblico, usted es la que más me preocupa. Pretendo que tome una decisión correcta. Si no está tomando en cuenta todos los factores y no tiene los suficientes elementos de juicio como para tomar la decisión más saludable, espero que este libro y mis libros ***Para Matrimonios con Amor*** y ***Una Puerta Llamada Divorcio***, le ayuden a cambiar su decisión. Anhelo que sea motivada a luchar hasta las últimas consecuencias por su matrimonio y determine investigar seriamente lo que Dios piensa de su relación conyugal. Le ruego que haga un serio análisis de su situación, busque la orientación profesional necesaria y realice una comparación de su comportamiento y actitudes con lo que la Biblia enseña y Dios espera de nosotros.

Mi deseo es que usted y su cónyuge sean personas que han aprendido a vivir con gracia, amor y respeto. Gracia para avanzar en su relación matrimonial y evitar un divorcio, si ese es su caso. Para aceptar y ayudar con sabiduría a su esposo que necesita que usted dispense ese regalo divino que ha recibido. Para salir del estilo de vida destructivo que ha elegido y manejar su relación matrimonial con el ejemplo que nos dejó Jesucristo.

Esto significa que todo cristiano que se relaciona con gracia va a evitar la desgracia de una relación interpersonal no saludable.

## Un ejemplo a imitar

Si alguien aprendió a vivir con gracia fue el Dr. Víctor Frankl, quien sobrevivió tres amargos años en Auschwitz y en otro campo de concentración Nazi.

En su libro, *La Búsqueda del Hombre por la Libertad*, dice lo siguiente: *"Quienes vivimos en campos de concentración podemos recordar a ciertos hombres que caminaban por los galpones consolando a los demás, compartiendo con ellos su último pedazo de pan. Tal vez no eran muchos, pero son una prueba suficiente de que se le puede quitar todo a un hombre, menos una cosa, y esta es: La última libertad humana, la de poder elegir la actitud que tenemos ante cualquier circunstancia"*. Luego agrega con claridad: *"Siempre hay elecciones que hacer: cada día, cada hora se nos ofrecía la oportunidad de tomar una decisión y eso determinaba si nos sometíamos o no a los poderes que amenazaban robarnos el "yo", nuestra libertad interior. Nuestra actitud determinaba si nos convertíamos o no en el juguete de las circunstancias, si renunciábamos a nuestra propia libertad y dignidad para dejarnos moldear y así convertirnos en prisioneros típicos, a pesar de que la falta de descanso, la escasa alimentación y las diversas tensiones a que estaba sometida la mente, podrían sugerir que los prisioneros estaban obligados a reaccionar de determinada manera. Un análisis profundo demuestra, claramente, que el tipo de persona que el prisionero llegaba a ser era el resultado de una decisión interior y no solamente la consecuencia de las influencias en el campo de concentración"*. Excelente comentario que describe la actitud necesaria en toda área de la vida.

Sea que usted viva con hijos rebeldes o cariñosos; tenga un jefe amoroso u odioso, que su marido sea un necio como Nabal o alguien que le trata con cariño y respeto, lo que usted necesita es gracia.

Algunas de ustedes están viviendo experiencias difíciles en este momento, tal vez se están escondiendo detrás de sus circunstancias, buscando cada falta de su marido para excusar las suyas. Si su respuesta le ha llevado al resentimiento y la amargura, su problema es la falta de gracia, sabiduría y ternura. Cualquiera sea su condición, recuerde que usted es quien ha elegido la actitud con la que está enfrentando la situación.

Los creyentes que aman a Cristo deben aprender a vivir libres de la culpabilidad que los destruye. No me refiero a la que produce el Espíritu Santo cuando fallamos, pecamos y herimos el corazón de Dios, esa es necesaria para llevarnos al arrepentimiento, pero la culpa que nos impide perdonarnos, la que tiene nuestro cónyuge que debería marcharse después que se ha arrepentido, esa debe ser removida. Por culparnos a nosotros mismos y a nuestro cónyuge después del arrepentimiento nos condenamos, empujamos y producimos sufrimiento. Si se siente culpable porque no puede cumplir las expectativas de su cónyuge o decepcionada porque su esposo no cumple las suyas, tiene que aprender a vivir con gracia, esa que le permite aceptar a su cónyuge ser lo que es y no lo que usted quiere que sea.

*"Si usted se está escondiendo detrás de sus circunstancias y buscando cada falta de su marido para excusar las suyas, ha elegido una actitud equivocada.*
*Si su respuesta a la actitud negativa de su esposo le ha llevado al resentimiento y la amargura, su problema es la falta de gracia, sabiduría y ternura. Cualquiera sea su condición, recuerde que usted es quien ha elegido la actitud con la que está enfrentando su situación".*

## Una serie de demandas que cumplir

La Biblia está llena de mandatos que muchos cristianos toman como sugerencias. Quien determina vivir obedientemente y cumplir las sabias demandas divinas, con seguridad vivirá una vida de armonía y rebosante de alegría. No se puede vivir en paz siendo desobediente pues no solo mantenemos una relación que hiere los sentimientos humanos, sino que además, nos incluye en la disciplina divina.

Nuestras relaciones conyugales deben estar bañadas por la gracia. El mandamiento divino para los hombres es que amen a sus mujeres y para las esposas que respeten a sus esposos. Eso significa que debemos vivir con la gracia que nuestro Salvador nos entregó. Para saber si está viviendo en esa maravillosa gracia, que como dice un antiguo himno, es *"de Cristo un rico don y que para describirla, palabras vanas son"* quisiera plantearle algunas preguntas de evaluación.

Existen dos cosas esenciales en las relaciones conyugales. Primero, la virtud del perdón y segundo, el derecho a la libertad. Los cónyuges que dan y reciben el perdón son libres, no para pecar, sino para vivir la vida que Dios desea, no solo contribuyen para una relación saludable, sino que podrán vivir una vida de paz pese a la necedad de su cónyuge. Para evaluar si está viviendo con gracia, deseo plantearle dos preguntas penetrantes que sólo usted puede contestar. En primer lugar: ¿su tendencia es aumentar o quitar la culpa innecesaria que otros sienten, o su sabia actitud les ayuda a deshacerse de ella? En segundo lugar, ¿es el tipo de persona que promueve la libertad de otros o de aquellos que la reprimen?

Quisiera que observe lo que dice Romanos capítulo 12, pues allí existen una gran cantidad de mandamientos que deben ser obedecidos y que harán de nosotros personas extremadamente capaces de apoyarnos mutuamente pues vivimos en la gracia y la dispensamos. En Romanos 12 versículos 9 al 17 no aparece una simple lectura devocional, ni son dichos para ser memorizados, mas bien Pablo nos entrega una serie de mandamientos que deben ser obedecidos. Lea con atención y compare la forma como se relaciona con su cónyuge: *"El amor sea sin fingimiento. Aborreced lo malo, seguid lo bueno. Amaos los unos a los otros con amor fraternal; en cuanto a honra, prefiriéndoos los unos a los otros. En lo que requiere diligencia, no perezosos; fervientes en espíritu, sirviendo al Señor; gozosos en la esperanza; sufridos en la tribulación; constantes en la oración; compartiendo para las necesidades de los santos; practicando la hospitalidad. Bendecid a los que os persiguen; bendecid, y no maldigáis. Gozaos con los que se gozan; llorad con los que lloran. Unánimes entre vosotros; no altivos, sino asociándoos con los humildes. No seáis sabios en vuestra propia opinión. No paguéis a nadie mal por mal; procurad lo bueno delante de todos los hombres".*

Esta es la esencia de las relaciones amorosas. No es amor que permite el mal, sino que confronta tan bien lo erróneo que no permite ni participa de la maldad. Es amor que hace el bien a quienes le hacen daño, y no permite acciones que afecten a quien ha decidido amar. El amor no hace ni permite el daño. Por ello debe ser genuino y aborrecedor del mal, no busca venganza, ni vive riñendo neciamente, pero confronta sabiamente, las malas actitudes del cónyuge, y también las propias.

Esta es la esencia del cristianismo auténtico, y a menos que me equivoque, cada persona que conoce y ama a Jesucristo debería decir: *"Me encantaría ser así"*, *"Quiero que esta extraordinaria lista de decisiones sean parte de mi vida y tomaré la decisión de vivir obedeciéndolas"*. Si usted se pregunta ¿por qué no nos tratamos unos a otros de la forma que el Señor nos instruye a hacerlo? ¿Por qué tengo la tendencia a condenar y anular la gracia, en lugar de aumentarla y vivir en paz?

La respuesta es que nos inclinamos más a reprimir la gracia que ha liberarla, porque hay obstáculos que impiden el libre fluir horizontal de la gracia vertical que hemos recibido. Nos convertimos en obstáculos que impiden que fluya hacia los hombres que nos fallan, cuando esta misma gracia nos ha sido dada por el Dios que nunca nos falla.

*"No finjas ante tu esposo que estás amando, aprende a hacerlo de verdad. Aborrece tus malas actitudes y las de tu esposo, pero no te aborrezcas y menos a tu esposo.*
*Ponte de parte del bien y hazlo. Ámalo verdaderamente, trátalo con cariño y deléitate en el respeto mutuo.*
*No te vengues con tus palabras, actitudes o acciones, no le pagues mal con mal. Actúa siempre honrada y limpiamente. No vivas peleando con él pues no podrás cambiarlo, y solo tiene esperanza de cambio si decides amarlo.*
*Procura en lo que te sea posible estar en paz con todo el mundo, incluyendo tu marido".*

## Tendencias que evitar

Nuestro problema es que nos agrada ser solo receptores de la gracia y el respeto, pero tenemos serios problemas para concederla. Nos cuesta ser instrumentos de gracia y consideración. El orgullo y el egoísmo batallan dentro de nosotros e impiden el flujo de la gracia divina que debe ser compartido a nuestros semejantes para ser felices. Quien decide vivir con gracia, resuelve dar un golpe mortal al orgullo y al egoísmo que son los principales motivadores de la tendencia a compararnos y controlar a los demás.

Esas son precisamente dos inclinaciones que deben evitar todas las esposas que desean tener una vida saludable y están dispuestas a contribuir con el apoyo de su esposo a una relación conyugal al estilo divino. Es que en la vida conyugal, la ausencia de gracia lleva a la tiranía o la rebelión y no podemos vivir en paz en ese tipo de relación. Ponga mucha atención para que conozca bien las manifestaciones de estas dos tendencias, y haga todo esfuerzo por evitar: la costumbre a compararnos y a controlar a los demás.

## La tendencia a compararnos

Esta tendencia generalmente nos lleva a la crítica de las personas o a la competencia desleal con ellas. La ausencia de gracia permite que se desarrolle el hábito de controlar a los demás y a creer que podemos cambiarlos. Por esas ideas erróneas somos motivados a manipular e intimidar a quien supuestamente vamos a guiar, proteger y amar. Las esposas se convierten en rígidas, controladoras, amenazan, obligan, se resienten, no perdonan e ignoran sentimientos, no satisfacen necesidades, quieren hacer las cosas a su manera y quien se opone sufre las consecuencias.

Hay algo dentro de nosotros, que no puedo identificar, que nos hace resistir a las personas que son distintas. Nos sentimos incómodos con las diferencias, incómodos con los diversos gustos, con las apariencias distintas, al punto que entramos en constante discordia y adquirimos el compromiso mental de cambiarlos. Preferimos la uniformidad, lo predecible, los intereses comunes, queremos personas que sean como nosotros y lo anhelamos tan desesperadamente que ignoramos algunos de los mandamientos mencionados por Pablo a los romanos, que son claves para las relaciones saludables. El amar sin hipocresía y no pagar mal por mal son reglas divinas que no nos agradan a los humanos, porque nuestras normas están influenciadas por el falso concepto de lo correcto y el deseo de hacer las cosas como nos agradan, aunque no siempre sean apropiadas.

En la vida existe una gran variedad que hay que disfrutar. Ni la iglesia es una industria que produce grandes cantidades de cristianos que lucen todos iguales y piensan en forma similar, ni la familia es una producción en masa donde por el sólo hecho de estar unidos por sangre, todos pensamos iguales. Que todos pensemos y actuemos igual, pero de acuerdo a mi criterio, es el terrible deseo del hombre.

La obra de arte de Jesucristo es que nos ha hecho a todos diferentes para que podamos agregar variedad, belleza y sustancia al aburrimiento que existiría en la familia de Dios si todos fuéramos idénticos. Sería un milagro que todos pensáramos igual, pero Dios determinó hacernos a todos diferentes. Soy único lo mismo que usted, y Dios nos dio no solo la capacidad de ser distintos, sino también la necesidad de complementarnos con nuestras diferencias.

Recuerde también que sus padres, primos, tíos y sus hijos, son diferentes. Algunos niños son soñadores y artísticos, muy desorganizados, otros son mucho más rígidos, unos más complacientes y otros más determinados a cumplir sus deseos. Algunos tendrán interés en los deportes, a otros le gustará la música, a unos la fotografía, a otros el arte.

El problema de los padres es que intentamos empujar a nuestros hijos a que sean iguales. Los arruinamos cuando intentamos imponer en ellos algo que realmente no son. Dios creó el mundo de forma diferente. Diseñó una margarita distinta a una orquídea. Un perro, un elefante, un águila o una mariposa, todos tienen grandes diferencias y todos añaden belleza a la creación. Esa variedad nos llama la atención, la admiramos y la disfrutamos, pero cuando se trata de la gran diversidad de seres humanos que existe y lo distinto que somos, no nos sentimos muy animados, especialmente si tenemos que dormir y compartir todos los días con alguien que es tan opuesto que ya no lo soportamos.

La verdad es que las mujeres y hombres de Dios han sido diferentes y continuaremos siendo así.

Rahab y Ester fueron mujeres amantes de Dios pero muy distintas. Mientras la primera fue prostituta, la segunda era una hermosa reina. También los hombres de Dios han sido y serán diferentes. Amos fue muy opuesto a Esteban.

El primero fue un recolector de higos silvestre que terminó como un profeta y el segundo un diácono que murió. La variedad honra a Dios, la mediocridad y el rechazo a aceptar su variedad, le desagrada. Él no se equivocó cuando nos hizo distintos y cuando desechamos la diversidad, desafiamos su sabia creación.

## La tendencia a controlar

Esta errónea actitud prevalece entre aquellos que fueron formados en hogares sin gracia. Aquellos que tienen un deficiente concepto de autoridad o se rebelan contra el estructurado sistema de familia creado por Dios, tienden a controlar a los demás. Esta actitud equivocada se genera en medio de la rigidez religiosa del legalismo.

Vivir en gracia significa rechazar el legalismo, el machismo, el feminismo, el autoritarismo, el control y manipulación que resulta de la rebelión. La gracia requiere que me deje ser a mí lo que deseo y viva las consecuencias de mis elecciones erróneas; y que yo le permita ser lo que quiere y dejarlo vivir situaciones si elige mal. Los controladores intentan manejar a los demás, usan tácticas de temor, amenazas, estrategias ocultas y presiones directas o indirectas, conscientes o inconscientes para conseguir lo que quieren.

Las esposas manipuladoras no pasan inadvertidas y generalmente los demás tienen miedo de ellas, no son personas que producen relaciones cercanas pues la gracia está ausente de su sistema de vida.

# Grandes virtudes de una mujer con gracia

Ser una esposa sabia que vive en obediencia no es una tarea fácil y aprender a dar de la gracia que Dios nos ha dado, no es automático. La esposa debe adquirir conocimiento para vivir en equilibrio y luchar por no obrar mal cuando su marido lo hace bien, ni responder mal aun si su esposo actúa con maldad y hacer el bien cuando tiene todas las presiones para actuar erróneamente. Ser una esposa conforme al corazón de Dios demandará que obre de formas que no son naturales, no acostumbradas y tenga ciertas características que revelen su aceptación, recepción y dispensación de la maravillosa gracia de Dios. Una esposa que vive con gracia es una persona con las siguientes características:

## *Acepta a los demás tal como son*

Aceptar a los demás es esencial para darles la libertad a ser ellos mismos. Admitir a alguien no significa tolerar las groserías, insultos, maltrato, flojera, irresponsabilidad o violencia. Significa reconocer que la persona es así, que no la puedo cambiar, pero que debo aprender a lidiar con ella de una forma tan sometida a los mandatos divinos que será saludable para ambos, aunque no lo acepte. Las autoridades no deben llorar, gritar, amenazar, intimidar, manipular, premiar, estimular para que los ladrones dejen de robar.

Simplemente tienen que aceptar que los malhechores son así y nada de lo que hagan como institución les podrá cambiar. Pero a pesar de esta realidad, no deben ignorar su responsabilidad. Ellos tendrán que establecer leyes, consecuencias, castigos, restricciones y todo lo que sea necesario para el bienestar de los demás y para brindarle a los ladrones una posibilidad de cambio.

Pablo enseña a los cristianos para que aprendan a vivir con las diferencias y aceptarse como son. Él aconseja a los que comen carne que no tengan un espíritu crítico con los que habían determinado vivir como vegetarianos y viceversa, porque el problema no era en realidad el comer la carne que había sido sacrificada a ídolos en el mundo pagano, sino el amor que debía existir entre los hermanos y la aceptación de las diferencias en asuntos que no son esenciales.

Lo mismo debe ocurrir en la relación matrimonial. A pesar de nuestras distinciones, debe existir la tolerancia. Recuerde que la palabra importante en la enseñanza de Pablo concerniente a la relación entre personas con convicciones diferentes, es la palabra «aceptación» que es el fundamento de la vida de aquellos que deciden vivir como instrumentos que dispensan gracia. Hablando de la admisión que debe existir entre personas con distintas convicciones, Pablo dice en Romanos 14:3: *"El que come, no menosprecie al que no come..."*.

Es interesante la palabra "menosprecie" que significa desechar o considerar como menos a los demás. Despreciar o no tener en cuenta a otra persona es la reacción habitual de quienes no aceptan a personas diferentes. Pablo agrega otra cosa importante cuando dice: *"...el que no come, no juzgue al que come..."*. Su intención es insistir en la necesidad de aceptar que otras personas tienen elecciones diferentes. Pablo condena la acción de juzgar, criticar, considerar negativamente, hacer suposiciones exageradas y erróneas, y hasta injuriosas del carácter de la persona que hace algo diferente a lo que nosotros creemos que debe hacer.

Quienes juzgan a otros que tienen convicciones diferentes no practican la necesaria aceptación que es clave para las buenas relaciones interpersonales.

Las esposas que no admiten a sus esposos tal como son, crean un ambiente antagónico. Esa tolerancia no significa que aprobará un estilo pecaminoso, sino que reconozca que es una persona diferente, que tendrá una forma distinta de ver la vida y actuar. El consentimiento significa que es valiosa tal como es, que no tiene que fingir, lo que no es. No tiene que adaptarse a la idea de otro respecto a lo que debe ser. Significa que sus ideas se toman en serio porque reflejan lo que es.

Puede hablar de cómo se siente y por qué se siente así, y sabe que alguien se interesa en su situación porque la acepta, y puede expresar sus ideas sin temor.

Quien practica la tolerancia, aun si alguien manifiesta un pensamiento herético, es capaz de analizarlo de manera aguda y honesta. Cuando usted es admitida se siente segura y nadie la juzgará mal por expresar su opinión, aunque no estén de acuerdo con usted. Practicar la aceptación no significa que nunca indicará a alguien que está equivocado; simplemente mostrará que sigue siendo la misma con total seguridad y que nadie la va a destruir por un prejuicio.

*"Aceptar a su cónyuge tal como es, significa que usted consiente sus gustos, sus diferencias y su forma distinta de ver la vida y enfrentar las situaciones. Tolerar significa que aunque usted no esté de acuerdo, respetará sus opiniones".*

La aceptación es esencial para permitir que los demás vivan en libertad. En Romanos capítulo 14 versículo 5 Pablo dice: *"Cada uno esté plenamente convencido en su propia mente"*. Cada uno tenga sus convicciones y esté convencido de ellas y los demás no lo juzguen porque tiene convicciones diferentes que no son opciones pecaminosas. La lección que Pablo nos plantea es que dejemos de tratar de controlar a los demás, les demos la libertad de dirigir sus vidas de acuerdo a sus convicciones.

*Capítulo 7*

La orden es brindar el espacio para que las personas piensen por sí mismas y se desarrollen de manera diferente y que aun tengan la libertad de cometer errores para que aprendan de los mismos. Quien acepta a los demás puede acercarse y exhortar con tacto y con amor, pero no tratará de imponer su lista de preferencias.

Esta misma actitud debemos tener en la relación conyugal. No es permitido atacar a nuestro cónyuge porque es diferente. No es ético vivir presionando para que piensen como nosotros y enojarnos porque elige formas que no utilizaríamos. Esto no significa que siempre debemos estar de acuerdo, pero si que tengamos gracia para estar en desacuerdo y seguir adelante caminando juntos y apoyándonos sabiamente. Pablo dice que a pesar de las diferencias, debemos buscar la armonía. Él dice: *"Así que, sigamos lo que contribuye a la paz y a la mutua edificación"*.

La esposa debe aceptar que su esposo fue creado por Dios como una persona diferente. Él lo diseñó con un carácter, emociones, y gustos distintos que deben ser respetados. Por lo tanto es necesario buscar todo lo que contribuya a la paz y tener actitudes tan sabias que en lugar de destruir a su esposo, se esfuerce para que ambos construyan la relación matrimonial. Debemos ser agradecidos porque Dios nos da y trata con gracia, y aprender a vivir dispensando y teniendo la gracia suficiente para que nuestro cónyuge sea lo que Dios anhela.

## ...CAPÍTULO 8...

*"El esposo debe amar a su pareja aunque ésta decida no respetarlo, y la esposa debe respetar al marido así éste decida no amarla. Cuando el hombre ama como Dios lo hace y la esposa respeta imitándolo a Él, ambos se sentirán comprendidos y al Dios que les ama habrán obedecido".*

# 8

## Conozca una extraordinaria orden divina: Y que la esposa respete a su esposo

Lo que escribo en este capítulo es el resultado de mi permanente búsqueda de equilibrio para poder aconsejar a los cónyuges con sabiduría y discernimiento. Mientras más ayudaba a los matrimonios, era mas conciente de mi dureza hacia los hombres y lo tierno que era con las mujeres.

Es difícil no ser duro con los varones cuando el propósito de Dios para la vida de un marido es que asuma su desafío en la relación conyugal. Ya que muchos de los conflictos que se dan en la vida matrimonial se deben a la ausencia o lo inapropiado del liderazgo masculino. Sin embargo, me di cuenta que había muchas mujeres que por diversas razones no obedecían a sus esposos ni entendían siquiera el concepto de tener respeto por ellos de la forma que Dios demanda.

Es cierto que existen hombres que no aman ni respetan a sus esposas y son desobedientes por no cumplir la orden divina tal como lo explico en el libro que complementa estas enseñanzas titulado *¿Conoce usted a su Esposa?*, pero también es cierto que hay mujeres desobedientes que a pesar de la orden divina de respetar a sus maridos y sujetarse a ellos, deliberadamente no lo hacen. No bendecirá Dios a la pareja desobediente, ni tampoco disfrutarán de un vínculo saludable.

La relación será apropiada, si ambos cónyuges con plena conciencia, determinan vivir en obediencia. He comprendido que es imposible que haya un matrimonio feliz cuando existen dos cónyuges infelices y es imposible ser feliz viviendo como uno se imagina o cree conveniente, en lugar de vivir conforme al propósito del Creador como hijo obediente.

La meta de un cónyuge no debe ser tener un matrimonio feliz, sino ser una persona dichosa porque la relación matrimonial solo estaría llena de gozo si ambos cónyuges se sienten así, pero nadie puede lograr la felicidad de otra persona y el matrimonio depende de dos personas. Si uno de ellos decide vivir fuera del propósito de Dios su relación no se caracterizará por el contentamiento, pero el cónyuge que obedece a Dios tendrá una vida de excelencia.

Así que un hombre o una mujer pueden vivir con realización aunque tengan una relación matrimonial con una persona que no actúe sabiamente y por su rebeldía no es feliz. La dicha de una esposa no está en que su marido sea lo que ella espera sino en ser lo que Dios demanda. Por lo tanto, la meta más grande que debe tener una esposa es accionar y reaccionar conforme al deseo divino, independiente de las reacciones y acciones que su esposo tenga.

*"He comprendido que es imposible que exista un matrimonio alegre cuando existen cónyuges infelices y es imposible ser feliz viviendo como uno se imagina o cree conveniente, en lugar de vivir conforme al propósito del Creador como hijo obediente".*

Las esposas que desean tener paz en su corazón y disfrutar de la bendición divina por su vida de obediencia, deben cumplir la demanda divina de respetar a sus maridos.

## Capítulo 8

Note lo que dice Pablo en Efesios 5:33: *"Cada uno de ustedes ame también a su esposa como a sí mismo, y que la esposa respete a su esposo"*. Pablo dice con toda claridad que los esposos fueron creados por Dios con la necesidad de ser respetados, sea que ellos lo entiendan o no y que a la esposa le agrade o no hacerlo. Esta es una de las razones de tanto divorcio. Existen muchos hombres que no son respetados por sus esposas. He escuchado muchas veces a mujeres que me dicen: *"El problema es que mi marido no me ama, ¿cómo quiere que yo lo respete?"*.

Sin embargo, aunque la respuesta tiene sentido y suena lógica, hay muchas demandas ilógicas en las Escrituras. Basta leer la Biblia para darse cuenta las órdenes que Dios entregó a su pueblo y específicamente a sus hijos que aparecen ilógicas y aun como ridículas ante el limitado juicio humano. Me imagino que si usted fuera el presidente de una nación nunca daría, a su ejército y al pueblo, la ilógica orden de rodear los muros de la ciudad que quiere conquistar, dar vueltas por varios días y luego ordenar que todos griten para que se caigan las murallas. Desde el punto de vista humano es ilógico y ridículo, pero esta orden divina permitió que las murallas de Jericó fueran destruidas.

Es posible que la orden divina de respetar a su esposo, a pesar de lo que él es, le parezca absolutamente ridícula. Le digo la verdad, a mi también me parecía, hasta que entendí el concepto de amor y respeto conforme a la sabiduría divina. Debido a que mis conceptos son equivocados, también lo es la percepción de cada situación y por lo tanto, errónea nuestra acción. Por ejemplo, si usted es un bebé a quien sus padres desde pequeñito enseñan que cariño es rasguñar a las personas, y no solo se lo enseñaron, sino que le demandaron que actuara como ellos le guiaban y modelaban lo que exigían, entonces, su concepto de cariño será muy distinto al de todos los demás.

Debido a que su idea es equivocada, sus acciones lo serán también. Lo mismo ocurre con el concepto de respeto.

Muchas mujeres tienen ideas erróneas de lo que es. Ellas creen que deben respetar a sus maridos si ellos se lo ganan y por ello muchos esposos intentan ganárselo de una manera equivocada.

" *Los cónyuges que por cualquier razón y con plena conciencia, determinan vivir en desobediencia, no recibirán la bendición de Dios, ni disfrutarán de una relación saludable*".

## Respeto incondicional

Durante muchos años de mi ministerio no entendí lo profundo y maravilloso de la responsabilidad personal. Poco a poco fui comprendiendo lo excelente de aprender a cumplir nuestra tarea de vivir como buenos mayordomos de nuestras vidas. Entendí que nadie es responsable de que yo viva conforme al propósito de mi creación, sino yo mismo. Comprendí que frente a Dios, soy el administrador de mi vida y debo obedecerle, independiente de las acciones de los que me rodean.

Uno de los momentos más hermosos de mi vida fue el prepararme para mi serie de conferencias tituladas *"El Extraordinario valor de los Valores"*. En ella me ocupe de enseñar sobre la responsabilidad y al estudiar profundamente el tema me di cuenta de lo hermoso que es aprender a vivir como persona comprometida en medio de un mundo de irresponsables. Es maravilloso sentir la sensación de paz que se experimenta cuando hacemos lo que debemos con los demás, aunque otros no lo hagan con nosotros.

Es hermoso dejar de vivir culpando a otros de los fracasos, miserias, amargura y resentimiento y asumir nuestra responsabilidad para lograr el contentamiento.

## Capítulo 8

*"El respeto incondicional a su marido, es una orden divina que debe obedecer toda mujer que intenta disfrutar de las bendiciones del Señor. No experimentamos la paz por el respeto que tienen los demás por nosotros, sino por el que tenemos por otros".*

El respeto incondicional es una orden divina que debe acatar toda mujer que intenta ser bendecida por Dios. Los maridos son responsables de amar a sus esposas, pero no de que ellas lo respeten. Las esposas están comprometidas a respetar a sus maridos y que ellos a su vez las amen. Si la esposa pone como condición para amar, que su marido la respete, entonces, ella está entregando las dos responsabilidades a su marido, sin asumir ninguna. El respeto es el honor que se le brinda a una persona por la dignidad que Dios le ha dado. Toda persona es digna de honor. El respeto es la consideración, la deferencia, la admiración que tenemos por el valor que tiene una persona ante Dios.

Mediante la sumisión hacemos serios esfuerzos para ver a la persona como Dios la ve. Él nos observa como seres humanos a quienes dará amor, apoyará en sus sabios planes y a quienes corregirá cuando cometan acciones necias. La sumisión es el resultado de la actitud de respeto de una persona y el amor que siente por ella.

La Biblia enseña con claridad que el esposo debe obedecer el mandamiento de amar a su esposa aunque ella decida no obedecer el mandamiento de respetarlo, pero también es claro que la orden divina es que la mujer respete a su marido, aunque éste no cumpla la orden divina de amarla.
Me encanta Dios pues no permite que mi felicidad quede a expensas de lo que haga o no haga otra persona, sino que dependa de lo que personalmente y con terceros haga. Pero a la vez, me gozo que estos sean mandamientos recíprocos y aunque yo no debo amar a mi esposa esperando que ella me

respete, y no debe hacerlo esperando que yo le ame. Estas son necesidades básicas de cada cónyuge que deben ser cumplidas.

El matrimonio funcionará bien cuando ambos se amen y respeten y marchará mal cuando uno o los dos decida desobedecer la orden divina y harán muy difícil sino imposible la relación conyugal. Cuando un esposo no se siente respetado, le es muy difícil amar a su esposa, aunque tenga que hacerlo y obedecer al Dios que lo ordena y cuando una esposa no se siente amada, le es muy difícil respetar a su esposo a pesar de que sabe que tiene que someterse e intenta hacerlo. La mejor manera de demostrar amor por su esposo es mostrándole el respeto en formas que sean significativas para él.

Eso hace que tenga formas prácticas de notar el amor y avive en él los sentimientos de entrega por usted. Uno de los virus más destructivos de la relación afectiva es el desprecio, la desconsideración e ignorar a las personas, por ello el más grande antídoto que tienen los esposos es el respeto.

*"La Biblia enseña con claridad que el esposo debe obedecer el mandamiento de amar a su esposa, aunque ésta decida no obedecer el mandato de respetar a su marido, pero también es claro que la orden divina es, que la mujer respete a su marido, aunque él no cumpla el mandamiento de amarla".*

## Sométase bíblicamente

La mujer que respeta a su marido es aquella que se somete a la autoridad de él. Cualquiera que piense que si insisto en que la esposa debe obedecer a su marido aunque éste no la ame, se debe a mi lado machista está equivocado. El respeto no la convierte en una mujer servil. Ella no es una alfombra para que se limpie los pies el marido, la mujer no debe dejar de reflexionar, ni de expresar sus sentimientos, pero los puede dar a conocer con o sin respeto. La esposa debe rechazar lo malo y pecaminoso, lo puede hacer con respeto. El obedecer no deja a las mujeres indefensas, más bien les motiva a permitir solo lo correcto para edificar su vida y rechazar las palabras, actitudes y acciones incorrectas que destruyen su existencia.

El respeto de una mujer por su marido nunca le motivará a vivir subyugada. Sumisión no significa sentirse o actuar como si fuera una persona inferior. Ambos son iguales delante de Dios, aunque Él en su infinita sabiduría haya determinado que el hombre sea la autoridad máxima en la vida familiar. Ésta no es una determinación discriminadora ni antojadiza sino el diseño sabio divino para establecer el orden y la estructura de la vida familiar. El hecho de que una mujer sea sumisa no le hace perder su identidad como persona. Ella sigue siendo femenina y una persona con metas y visión.

Es un ser con dignidad que continúa siendo una buena mayordoma de su vida y aporta al bienestar del marido que ama. El mandato es claro pues no deja lugar a la imaginación. No nos da la libertad para definir la sumisión de acuerdo a nuestras costumbres culturales porque la orden para la mujer es que se someta a su marido como al Señor. Esta verdad describe a una mujer que se coloca bajo la provisión y protección de su esposo, pero que es una ayuda idónea para él. Ella no permite que él tome decisiones unilaterales, o pecaminosas, ni obedece ciegamente todas las determinaciones del marido.

Ella examina en la palabra de Dios si la decisión es correcta, evalúa si las acciones, actitudes, las palabras y el comportamiento del esposo están basados en los principios y valores divinos. Si el esposo ha tomado la decisión de ser obediente a Dios, tiene el apoyo de la esposa, sino tendrá una sabia y respetuosa oposición.

Mediante la actitud de sumisión, la esposa decide voluntariamente someterse al diseño divino para el matrimonio. Ella no cuestionará la autoridad que Dios le dio al marido, sino el abuso o los errores en el ejercicio de la autoridad. Mediante su actitud de sumisión, la esposa respeta el derecho y la obligación que tiene el marido de ser el líder de su familia y apoya las decisiones sabias, pero se opone a las actitudes necias de un liderazgo no apropiado.

## Comunique con sabiduría

Una mujer que respeta es la que se comunica con sabiduría, y utiliza las herramientas más sabias para hacerlo con honestidad. La mujer que respeta expresa libremente su pensamiento, y abiertamente sus emociones, pero aprende a hacerlo en el momento y de la forma correcta. La mujer que respeta no confunde la sinceridad con la imprudencia, ella dice lo que siente, de la forma adecuada y en el momento oportuno. Una mujer que buscó mi asesoramiento declaró: *"Yo no tengo pelos en la lengua. Cuando se trata de decir lo que pienso, yo lo digo inmediatamente"*. Después de conocerla en el proceso de asesoramiento me di cuenta que no era una mujer sabia y prudente porque le faltaba un elemento esencial en la buena comunicación.

Esa mujer no tenía tacto para comunicarse con su esposo. Aunque lo que debía decir era correcto, el momento en que lo hacia era erróneo. En otras ocasiones estaba acertada al querer comunicar su desacuerdo, pero la forma como lo hacia era equivocada. Si usted desea vivir como una esposa sabia debe ser honesta para comunicar sus sentimientos, pero con prudencia, debe ser clara en la exposición de sus razones, pero con tacto, debe expresar su molestia con energía, pero sin groserías. Viviendo así, usted tendrá paz por actuar con prudencia y sabiduría.

*"La cuestión no es si la mujer debe o no tener la libertad de comunicarse libremente con su esposo, ese es su derecho y responsabilidad. El punto es si se está expresando con tacto y en forma prudente, que son acciones esenciales para tener una comunicación excelente".*

## Exhorte correctamente

El respeto de una mujer por su marido incluye la exhortación prudente. Amonestar no es gritar o maltratar. No es convertirse en una mujer controladora o dominante. Advertir correctamente no abre las puertas para actuar como si fuera la madre de su marido, pues la actitud dominante, la gritería, las discusiones, los constantes reclamos no son señales de respeto, sino de intento de control e irrespeto.

Exhortar es mostrar un camino mejor, ofrecer una mejor opción para la acción, reacción, palabras, actitudes o comportamiento del esposo. Es aconsejar bíblicamente, sugerir inteligentemente, proponer algo superior, es amonestar con prudencia, advertir con inteligencia y recomendar cordura y buen juicio. La exhortación es la acción que toma la mujer para responder a una actuación inadecuada de su esposo.

Por ello, este llamado puede incluir enojo por la falta cometida, pero no abre la puerta para expresarlo de manera pecaminosa. El apóstol Pablo dice: *"Airaos, pero no pequéis, no se ponga el sol sobre vuestro enojo, ni deis lugar al diablo"*. Esta no es una apertura de puerta para la ira sin control. Este es un permiso para que nos enojemos con justicia y dominio propio. Esto significa que el enojo que sentimos debe ser por una causa legítima, que sea digna de nuestra molestia.

Debemos hacerlo por el rompimiento de leyes, porque nuestro cónyuge no hizo lo que es correcto e indispensable, porque incumplió las leyes del respeto o la buena conducta, o quebrantó las leyes de responsabilidad y fidelidad, pero no porque el cónyuge no hizo lo que uno deseaba que hiciera. El esposo no puede cumplir todos los gustos de su esposa, ni puede obedecer todas sus demandas pues no todo lo que demandamos es justo y legitimo.

La demanda bíblica es "no pequéis" porque la ira que nos lleva a pecar es una furia maligna, pero la que nos motiva a exhortar sabiamente, es una ira prudente y efectiva. La demanda bíblica es que no permitamos que "se ponga el sol sobre" nuestro enojo. Esta es una exhortación para que seamos prudentes y no permitamos que el enojo se acumule en nuestra mente pues nos motivará a actuar erróneamente.

Las esposas que se enojan, incluso por una causa justa, pero mantienen su actitud por días creyendo que así darán una dura lección a su marido y promoverán su cambio, no lo están respetando, ni obedeciendo al Dios que les demanda no permitir que el enojo se acumule.

Dios demanda que no demos "lugar al diablo". Damos oportunidad para que el enemigo influya nuestra mente cuando nos dejamos dominar por la ira y guardamos el enojo produciendo amargura y resentimiento.

*"La exhortación no es un acto punitivo o represivo, sino una acción sabia de entregar con respeto, a tiempo, con prudencia y tacto, una mejor y más sabia opción para que su cónyuge tenga la posibilidad de elegir para evitar otros errores y actuar con excelencia".*

*Capítulo 8*

## Aprecie su discernimiento

Uno de los reclamos que recibo de las mujeres es que sus esposos siempre quieren aconsejarlas. Muchas mujeres se sienten frustradas por esta tendencia natural que tenemos los hombres. Pero toda esposa debe entender que así como es natural para ella ver los detalles de las cosas, preocuparse de ellos y tener mucha sensibilidad, así también es natural para los hombres intentar dar directrices cuando cree necesario. Muchos hombres no están molestos por la cantidad de detalles innecesarios que la mujer tiende a dar, pero si muchas esposas se molestan por la forma practica con la que actuamos los hombres.

Usted debe entender que los hombres demostramos nuestro amor tratando de resolver problemas por eso creemos que amamos cuando estamos aconsejando. Pero, generalmente las esposas quieren mas los oídos del hombre que aman que la lengua que él desea utilizar. Sin embargo, reaccionar siempre negativamente cuando el esposo intenta aconsejar, también es erróneo.

Es cierto que las mujeres prefieren ser escuchadas en lugar de ser aconsejadas, pero eso no debe ser una excusa para rechazar el sincero deseo del marido de dar orientación cuando discierne que existe un error o advierte alguno en el manejo del problema que su esposa plantea.

Cuando desee solamente compartir con su esposo, o sentirse comprendida, es mucho mejor que comunique claramente su deseo. Recuerde que la reacción inmediata será el consejo, por lo tanto, advierta a su esposo que no quiere su consejo, solo quiere que la escuche. Pero, si su esposo sólo la escucha, no se enoje ni piense que él no tiene opiniones. Para muchos hombres es difícil entrar en conversaciones emocionales. No es natural que comencemos a hablar de los detalles de algún acontecimiento o que hablemos de las personas y por ello nos cuesta dar opiniones en esas áreas que son más naturales para la mujer.

*"Una mujer que respeta a su marido le comunica con sinceridad cuando solo desea ser escuchada y no aconsejada. Cuando los hombres brindamos consejo o exhortación, nuestra intención no es vivir molestando, pues demostramos nuestro amor tratando de resolver problemas, por eso creemos que amamos cuando estamos aconsejando".*

## Perdone bíblicamente

Es imposible tener una relación conyugal saludable sin obedecer el mandamiento de perdonarnos mutuamente. Una mujer respeta a su marido cuando regularmente pide perdón por las faltas que cometerá inevitablemente y perdona a su esposo por las fallas que tendrá regularmente. El perdón no es producto de un sentimiento. La orden de perdonar nuestras ofensas no depende de si lo sentimos o no, es un mandamiento que debe ser obedecida y no un sentimiento que debe ser experimentado.

Hay mujeres que pasan mucho tiempo acusando a sus maridos y recordándoles los errores. Se sienten decepcionadas porque sus esposos vuelven a cometer el mismo error que han cometido por años sin recordar que ellas también siguen cometiendo errores que ya han sido confrontados y que igual a su esposo, se han comprometido a cambiar.

Lamentablemente aunque existen esposas a quienes les cuesta demasiado perdonar y maridos que también les es difícil cambiar y repiten errores que son graves y deben ser eliminados, todavía el perdón es la clave para tener una buena relación. La determinación de practicar la virtud del perdón nos ayuda a reconocer nuestras debilidades y ser conscientes que estamos casados con seres humanos pecadores

*Capítulo 8*

que necesitan perdón. Cuando perdonamos, no solo permitimos restablecer las relaciones quebrantadas, sino que así nuestro cónyuge no quiera restablecerlas por el orgullo de su corazón, todavía nosotros podemos restaurar nuestras vidas y disfrutar de paz en el corazón por haber obedecido a Dios quien nos demanda que ofrezcamos el perdón.

La paz que experimentamos no viene solamente como producto de la forma pacífica como nos tratan los demás, sino de la actitud sabia y bíblica como nos relacionamos con las otras personas, aunque no actúen sabia y pacíficamente.

Las mujeres tienden a buscar la igualdad. Algunas no les gusta reconocer que están en un error y otras tienden a confesar pero para que su marido también admita algo de responsabilidad. Es cierto que en muchos casos existe responsabilidad de ambos, pero nadie debe confesar con la intención de buscar la igualdad. Ningún cónyuge debe poner condiciones a lo que Dios no ha colocado.

Ninguna esposa debe decir, yo pido perdón, si él lo hace, o yo le perdono si él me perdona, o yo lo busco si él primero me busca. Todas esas declaraciones son muestras de la falta de deseo de someterse a la orden divina de perdonar los pecados de quienes nos ofenden. Cuando una esposa no perdona y cree que de esa manera logrará que su marido cambie, no solo perderá su objetivo sino que está impidiendo una relación saludable.

Al perdonar nosotros somos los primeros que ganamos. Cuando lo hacemos sinceramente, aunque nos rechacen firmemente, iniciaremos el proceso de restauración de nuestra vida inmediatamente. La obediencia a la orden divina activa el proceso de restauración y Dios siempre otorga todo su apoyo al cónyuge obediente.

*"Una mujer respeta a su marido cuando regularmente pide perdón por las faltas que comete habitualmente y cuando perdona a su esposo por las fallas que él tiene regularmente. Ya que somos seres humanos que a pesar de nuestros esfuerzos por vivir santamente, tenemos una naturaleza pecaminosa que nos impide vivir perfectamente".*

## Reconozca las virtudes

Una mujer que se convierte en buscadora de defectos de su marido no lo respeta de la forma que Dios ordena. Alguien dijo que hasta un reloj dañado da la hora exacta dos veces al día. Es cierto que existen hombres que maltratan a sus esposas y actúan con irresponsabilidad, pero también muchos que realizan serios esfuerzos por cumplir su función de líder de su familia. Tristemente la mayoría terminan decepcionados pues sus esposas no los están respetando al no reconocer los aportes significativos que hacen para el bienestar de los miembros de su familia.

Un hombre no debe cumplir su rol para que le agradezcan, pero no le hace mal escuchar palabras de agradecimiento. Un esposo no debe amar a su esposa para que ella responda con gratitud, el debe amarla porque es lo mínimo que puede hacer por la persona que eligió para compartir toda su vida, ¡¡pero que estimulante son las palabras de gratitud que periódicamente utiliza una esposa agradecida!!
Reconozca las virtudes de quien aunque no es perfecto, sin duda, hace serios esfuerzos por ser cada día mejor. Respalde a su esposo cuando toma decisiones sabias como líder de la familia. Agradezca su esfuerzo por sostener dignamente a su familia. Reconozca su discernimiento cuando su consejo ha sido conocido y le ha guiado a tomar una buena decisión. Demuestre su respeto por haberle exhortado y haber tenido razón. Aprecie sus ideas y sugerencias cuando usted está de acuerdo con lo que le ha compartido y demuestre su desacuerdo con él solo en privado y no lo avergüence públicamente.

## ... CAPÍTULO 9 ...

*"Usted terminará decepcionada si
su meta es cambiar a su esposo.
Su meta debe ser su cambio personal.
Pero usted cumplirá su función como
esposa cuando su conducta sabia lo
motive a cambiar. Si usted cambia y
vive en obediencia y el no cambia
y elige la desobediencia, ya sabe quien
tendrá contentamiento por someterse a
Dios y sus mandamientos".*

# 9
# Conozca cómo motivar al cambio de su esposo

Lo que escribo en este capítulo es el resultado de mi permanente búsqueda de equilibrio para poder aconsejar a los cónyuges con sabiduría y discernimiento. Mientras más ayudaba a los matrimonios, era más consciente de mi dureza hacia los hombres y lo tierno que era con las mujeres.

Es difícil no ser duro con los varones cuando el propósito de Dios para la vida de un marido es que asuma su desafío en la relación conyugal. Ya que muchos de los conflictos que se dan en la vida matrimonial se deben a la ausencia o lo inapropiado del liderazgo masculino. Sin embargo, me di cuenta que había muchas mujeres que por diversas razones no obedecían a sus esposos ni entendían siquiera el concepto de tener respeto por ellos de la forma como Dios lo demanda.

Es cierto que existen hombres que no aman ni respetan a sus esposas y son desobedientes por no cumplir la orden divina tal como lo explico en el libro que complementa estas enseñanzas y que se titula *¿Conoce usted a su Esposa?*. Pero también es cierto que hay mujeres desobedientes que a pesar de la orden divina de respetar a sus maridos y sujetarse a ellos, deliberadamente no lo hacen. Ni se imagine que Dios desea bendecir a la pareja, ni tampoco deben creer que disfrutarán de un vínculo saludable.

Debido a que usted no puede cambiar a su esposo, ni siquiera se ponga esa meta. Yo quiero evitarle la frustración que resulta de esperar algo que nunca logrará. Mi propósito en este libro ha sido que entienda que puede ser una esposa contenta si decide vivir con responsabilidad personal y comprometida con una vida de sabiduría y excelencia.

Mi meta es que comprenda que si vive conforme a las ordenanzas divinas logrará la realización que tanto anhela aunque a su lado se encuentre un cónyuge irrealizado y amargado. Además, quiero que entienda que al ser auténtica y ayudar a la persona que ama para que tenga la posibilidad de elegir ser diferente, usted disfrutará una vida de contentamiento que muy pocas personas logran vivir.

Todo individuo normal tiene la suficiente materia prima para vivir una existencia realizada en este mundo. Pero existe una gran paradoja pese a la capacidad que tenemos como individuos de lograr grandes cosas en la vida, no estamos dispuestos dentro de la vida familiar a tomar todos aquellos caminos y dar los pasos que son indispensables para el desarrollo de cada miembro.

Estoy convencido que es posible encontrar realización en el matrimonio, pero será el resultado de la participación de ambos. Dios creó la familia de tal manera que sea el único lugar en el mundo en que el individuo encuentre su completa realización. Es decir, es el único lugar donde yo puedo, y debo sentirme realizado. Donde potencialmente existe la posibilidad de que seamos aceptados tal como somos. Pero la gente no ve al matrimonio de esa manera. Uno de los grandes errores en la vida conyugal es entrar sin la absoluta certeza de que voy a vivir toda mi vida con alguien que es diferente a mí y que mi meta no es cambiarlo, sino ser lo que Dios quiere.

Al llegar al matrimonio tenemos problemas para aceptar que los conflictos como producto de las diferencias son parte de la vida porque en la etapa de enamoramiento vivimos una fase irreal. En ese período de tiempo solo queremos mostrar lo que la otra persona quiere ver en nosotros y nos cuesta mostrar lo que realmente somos. Cada uno está haciendo un gran esfuerzo por ser bien percibido pues no quiere perder la relación y estamos dispuestos a ocultar las cosas que pueden provocar un rechazo.

He repetido hasta el cansancio sobre la importancia de aceptar las diferencias y al escribir un libro con la intención de que usted conozca a su esposo, es esencial que comprenda cuan diferente somos. Las distinciones son importantes, pero a la vez muchas veces presentan serios conflictos, especialmente a quienes no quieren aceptarlas.
Recuerde que usted puede ser feliz aunque su marido no lo sea y constituirse en un instrumento de motivación a la realización de su marido si vive sabiamente.

## Aprenda a tomar al búfalo por los cuernos

La mejor ilustración sobre lo diferente que somos los hombres de las mujeres la escuché en una conferencia. Los hombres y las mujeres fuimos comparados con los búfalos y las mariposas. Es verdad que los hombres somos más toscos y debido a nuestra forma práctica de enfrentar la vida podemos lucir como insensibles, pero también tenemos sentimientos. Debido a nuestra tendencia a mostrarnos como duros y que todo lo sabemos y lo podemos soportar, muchas veces pecamos de insensibles e incomprensivos y es verdad que existen muchos hombres que ni siquiera se dan cuenta que están hiriendo con sus acciones demasiado toscas y duras.

Algunos, tal como lo hace un búfalo, pasan arrasando las cosas delicadas sin siquiera notarlo o planificarlo. Ellos pueden atropellar sin siquiera pensarlo y pueden hacer doler sin intentarlo.

En cambio la mariposa es muy delicada. Ella puede ser dañada aun por la brisa más suave aunque no esté buscando ser dañada. La mariposa es tan sensible que Dios la creó para que esté consciente permanentemente de todos los cambios que ocurren alrededor y para que reaccione a la variación más mínima del medio ambiente en el que se encuentra. Ella con gran rapidez trata de evitar todo lo que puede dañarla. Si alguna vez ha tratado de atrapar alguna notará la forma extraordinaria como puede esquivar los peligros, pero si usted le arroja la más pequeñita de las piedras y le golpea, la destroza inmediatamente.

El búfalo es muy distinto. Es duro y fuerte. A veces, una pequeña brisa no logra moverle ni un pelo. Aun los vientos fuertes no son capaces de inquietarlo. El sigue haciendo lo que ha planificado sin que le afecten las cosas pequeñas. Al pesado búfalo no le interesa pisar piedras pequeñas, ni las flores pintorescas. No le molestan las pequeñas moscas que se paran en su lomo, ni las espinas que toca a su paso por espesos matorrales.

Si usted le tira una pequeña piedra, no se inmutará ni le prestará atención. El búfalo no es un destructor, ni un animal despreciable, sólo que debido a su gran peso y fortaleza, mientras avanza va pisando las pequeñas flores hermosas. Más bien es obvio que su fortaleza es su ventaja.

Tampoco los hombres debemos ser cuestionados y despreciados porque Dios nos hizo más prácticos que las mujeres, ni ellas porque Él las hizo más delicadas. Dios nos hizo diferentes y esas distinciones son hermosas cuando entendemos que no podemos cambiarlas y debemos disfrutarlas. Los hombres nos inclinamos a pasar por alto las cosas pequeñas y luchar con dureza para vencer los problemas difíciles.

## Capítulo 9

Lo triste es que el búfalo no puede beneficiarse de la ternura de la mariposa ni la mariposa de la fortaleza del búfalo, pero esto no debe ocurrir con el hombre y la mujer.

Los seres humanos, debido a la inteligencia que Dios nos ha dado, tenemos la capacidad de organizar de tal forma nuestra vida que podemos disfrutar de las diferencias y utilizarlas para el apoyo mutuo. Deben aprender a beneficiarse aprovechando sus características particulares. La mujer debe aprender a beneficiar a su esposo con sus características peculiares, elegir una actitud adecuada y pensar que ella es sustentada por él cuando demuestra su fortaleza y busca formas prácticas y no solo emocionales de enfrentar los conflictos conyugales.

*"Así como la mujer no debe ser despreciada por ser tierna y delicada como una mariposa, así tampoco el hombre debe ser despreciado por ser fuerte y menos sensible como un búfalo. Fue Dios quien nos hizo diferentes y esas cualidades son hermosas cuando entendemos que no podemos cambiarlas y que debemos hacer todo esfuerzo para vivir con respeto y dispuestos a disfrutarlas".*

## Estrategias para motivar al cambio

Le recuerdo una vez más que su meta no es cambiar a su marido. Sin duda usted lo ha intentado y está decepcionada. La meta que debe tener es ser la mujer única para que él sea motivado a ser el hombre ideal como Dios lo desea. Si él elige ser el varón que el Señor quiere ambos serán beneficiados, si él se niega, usted continuará recibiendo los beneficios de actuar como debe. Con esto en mente, compartiré algunas sugerencias para que se transforme en un instrumento de motivación para su esposo:

## Acepte la realidad, son diferentes

Siempre recuerde que venimos de un trasfondo diverso y somos personas distintas, que pensamos diferente y que Dios nos dio un sexo opuesto. Su marido no puede pensar como usted, él seguirá siendo hombre toda la vida.

Sé que esto le crea un problema, pero no solo a usted, sino también a él pues no es fácil relacionarse sabiamente con una persona tan diferente. Pero acepte su realidad, ahora está unida en una relación matrimonial con una persona con quien debe tener metas y planes comunes, pero que es diferente, viene de un hogar, de una familia distinta y llegó a su vida con costumbres propias. Uno de los más grandes errores que cometemos es querer cambiar a la otra persona y lo peor es que ambos están pensando exactamente lo mismo.

Sin duda su marido está pensando en cambiarla porque no es la mujer perfecta y sabia que todo hombre quiere encontrar. Usted también tiene defectos y actitudes que a él le molestan, tal como le disgustan los defectos de él y por ello lo intenta cambiar. Pero usted siempre tiene la esperanza de que algún día lo cambiará. Muchas mujeres piensan que más adelante, con un poquito más de paciencia, unos gritos por aquí y una pelea por allá, unas lágrimas hoy y un insulto mañana, lograrán que su búfalo se convierta en una tierna mariposa.

Lo triste es que esta batalla entre el búfalo y la mariposa no tiene sentido y terminará decepcionada. Sus técnicas no son sabias si por su decepción en enero lo saca de la casa, y por su confusión en febrero lo vuelve a recibir, y luego durante un mes llegan a acuerdos que le brindan esperanza y al siguiente mes le grita, maltrata, ignora y realiza constantes súplicas con el propósito que cambie porque llegó a la desesperanza y luego en abril usted huye donde su mamá para utilizar otra herramienta de presión mientras sigue buscando el secreto que en algún momento le permitirá convertirse en la primera mujer que consiguió el cambio de su marido. No me extraña que muchas mujeres vivan decepcionadas, pues quien así actúa no está enfrentando la vida de una forma adecuada.

Lo único que han hecho las esposas que reaccionan mal porque sus maridos no cambian, es preparar el terreno para conflictos más serios. Cuando la manipulación hace su aparición y ambos creen que esa es la formula para manejar la situación, no solo saldrán heridos, sino que están acumulando sentimientos de rechazo que los convertirá en bombas de tiempo y en algún momento una pequeña chispa hará que todo explote.

Para motivar a su marido al cambio de las actitudes negativas, acepte que él es diferente y permita que sea hombre. Haga notar sus desacuerdos y no permita acciones pecaminosas, pero no siga intentando que él actúe y responda siempre de la forma que usted como mujer respondería.

*"No me extraña que muchas mujeres vivan decepcionadas por el rechazo que sienten de sus esposos, porque los gritos, el maltrato y la constante presión no motivan al cambio, sino a la rebelión".*

## Acepte una verdad, ni usted ni él cambiarán todo

Acepte la realidad, usted nunca será todo lo que su marido espera, ni él será todo lo que usted quisiera. Nunca olvide que hay cosas que deben ser cambiadas imprescindiblemente y otras deben ser aceptadas pacientemente. A muchas mujeres les perturba el hecho de que su esposo sea diferente y continúe así. La mayoría de las mujeres tienen una imagen preconcebida de los hombres, basada en el hogar de donde provienen y esa es la idea de lo que su esposo debería ser. Si ellas tuvieron un padre ordenado darán la vida por tener un marido ordenado y si les tocó un marido desordenado, darán la vida por cambiarlo.

Si su padre fue un hombre respetuoso y usted fue la única niña en la casa y la trataron delicadamente, va a ser una mujer que espera que su esposo le trate así también y terminará decepcionada pues usted eligió a un hombre que fue criado con padres que rara vez lo acariciaron y usted se siente ignorada. Es cierto que él puede y debería cambiar, pero es él quien debe hacerlo. Si su marido es como un robot y actúa como insensible, por supuesto que debe cambiar. Si él es insensible y le trata bruscamente, por supuesto que usted debe poner limites y no permitir que le hagan daño, pero es precisamente esa confrontación sabia y constante la que le puede motivar a cambiar y no las discusiones y la presión que sólo le motiva a la rebelión.

Recuerde que así como usted tiene expectativas de que su esposo cambie, él también tiene el mismo deseo. Pero existen cosas que no necesitan cambiar. Usted no cambiará algunas cosas que son parte de su personalidad. Si usted es alegre y extrovertida seguramente no dejará de serlo solo porque su marido es más callado e introvertido y quiere que sea como él. Pero recuerde que tampoco necesita dejar de ser callado e introvertido solo porque usted quiere que cambie. Si su padre fue un buen jardinero y le encantaba dedicarse a arreglar el jardín y disfrutaban de una alegre experiencia, y ahora espera que su esposo haga lo mismo pese que odia la jardinería, terminará decepcionada.

A él no tiene porque gustarle lo que a usted le agrada. Si decide tener un jardín de un kilómetro debe aceptar la responsabilidad de mantenerlo, pero no obligar a su esposo o sentirse decepcionada porque él prefiere ayudar en otra cosa que acompañarle en las labores de jardinería.

Si su marido es grosero, por supuesto que tiene que cambiar y ese comportamiento usted nunca lo debe aceptar, pero hay cosas que son parte de su personalidad y de su género que no necesita cambiar.

## Exalte las virtudes

Tristemente algunas esposas se convierten en permanentes y diarias buscadoras de defectos de sus esposos. Recuerde que su pareja, igual que usted tiene virtudes y defectos. Por supuesto que los defectos, que son verdaderos y no simples diferencias que usted ve tienen que ser cambiados. Pero no se convierta en una busca defectos a tiempo completo. Me imagino que su marido también tiene algunas virtudes.

No se olvide de exaltar las virtudes y de paso, no ande publicando en el periódico cuales son los defectos de su esposo. He notado que en la mayoría de los matrimonios, los conflictos se centran en los pocos defectos de su marido y no en las grandes virtudes que él tiene. Es necesario reconocerlas. Un hombre me comunicaba su molestia por la errónea actitud de su pareja al publicar sus defectos. Él decía: *"Es cierto, yo fui desordenado y mi esposa muy ordenada; pero una de las cosas que más me molestaba era que en muchas conversaciones comentaba con los amigos sobre el desorden que yo tenia. Ella creía que así yo aprendería la lección, pero cada vez que lo hacia motivaba mi rebelión y pensaba que haría todo lo contrario por la molestia que generaba ese comentario imprudente".*

Usted debe preguntarse si está viviendo una vida de gratitud, si está exaltando las virtudes de un esposo que siempre ha provisto para las necesidades económicas de su familia. Si su marido es ordenado, cuando fue la última vez que alabo esa virtud. Si él le ayuda en ciertos quehaceres de la casa, ¿le expresa su gratitud?
Si su marido tiene buen genio y es paciente, ¿no cree que sea una virtud digna de ser exaltada? No olvide que a los hom-

bres también nos alegran los estímulos, aunque seamos menos expresivos. Si usted le dice a su esposa: *"Estás bonita"* seguramente responderá con mucha alegría y emoción, pero si ella le dice: *"Qué linda te queda esa corbata"* tal vez lo máximo que escuchara será un: *"Gracias"*.

Que muchos hombres no seamos efusivos en nuestras respuestas no quiere decir que no somos alegres o necesitemos estímulos, eso demuestra solamente que somos diferentes. Cuando he aconsejado a mujeres divorciadas que se han vuelto a casar y que ahora tienen problemas con el otro hombre, comúnmente tienen la tendencia a recordar las virtudes del primer marido.

Esto sucede por una razón muy lógica, porque en el momento en que usted se separó por las diferencias y no por problemas serios y conoció a otro hombre con otros defectos y virtudes usted comienza a añorar las cosas buenas de la otra persona y se olvida por un momento de todo lo negativo.

El 99% de las mujeres divorciadas que viven con otro hombre añoran las virtudes del anterior. La razón es que cuando estamos en medio de la relación, tendemos a enfocar en lo negativo, en las debilidades, dar por lógicas las virtudes y fortalezas y no expresar la gratitud por las características positivas del cónyuge. Actúa con sabiduría y es una fuerza motivadora la esposa que con sabiduría confronta los defectos, pero que también con gratitud reconoce las virtudes del esposo que desea motivar al cambio.

*"Una mujer motivará a cambiar a su esposo si acostumbra a confrontar sus defectos con sabiduría y expresar su gratitud constantemente por las virtudes que él exhibe regularmente".*

*Capítulo 9*

## Espere con paciencia

Recuerde siempre que su marido no puede cambiar súbitamente. Es imposible que un hombre que se ha acostumbrado a vivir de una forma, cambie de la noche a la mañana y solo después de unas pocas confrontaciones. Los cambios son posibles, pero generalmente son producto de un proceso. La esposa debe recordar que ella tampoco ha modificado todo lo que quisiera y que los cambios realizados no los ha logrado implementar rápidamente.

Es difícil cambiar y es mucho más complicado hacer modificaciones porque es algo que ha estado acostumbrado a practicar y, además, porque su mismo cónyuge le ha permitido vivir de esa manera. Es complejo hacerlo cuando la misma persona que ahora quiere que cambie, fue la que permitió esa conducta. Si usted por años trató de confrontar alguna acción errónea de su marido, pero cuando él no cambiaba se olvidaba y no volvía a hacerlo, él siempre pensará que estas nuevas confrontaciones no necesariamente serán consistentes y creerá que puede seguir viviendo equivocadamente. Pero si usted persiste con energía y consistencia, insiste con sabiduría e inteligencia y espera con paciencia y prudencia, motivará con gran sabiduría que su esposo vaya realizando cambios cada día.

Es sabio tener paciencia y seguir confrontando con prudencia. Una esposa logra algo importante cuando consigue que su esposo esté abierto a una conversación sincera y que si antes no le escuchaba, ahora por lo menos cambie y decida aprender a conversar. Usted habrá avanzado si ahora él está dispuesto a buscar ayuda y acepta ser evaluado y confrontado cuando se ha equivocado. Recuerde que la aceptación de la exhortación y la admisión de la falta son los primeros pasos para realizar un cambio.

Podemos motivarnos a tener paciencia cuando estamos dispuestos a admitir en la practica que no somos perfectos. Usted sabe que su marido es imperfecto, y sin duda le es difícil admitir el error que comete. Su esposo y sus hijos son pecadores y se van a equivocar una y otra vez. Debido a su condición, van a dedicar tiempo para hablar de los problemas y buscar acuerdos para cambiar y es muy posible que se vuelvan a equivocar.

Es necesario que aprendamos a aceptar las debilidades y flaquezas de la otra persona. Hay debilidades a las cuales tenemos que amoldarnos y debemos desarrollar la paciencia para seguir comprendiéndonos.

Recuerdo que alguien que estaba en su segundo año de matrimonio le dijo alguna vez a un amigo: *"Creí que me iba a casar con un ángel, y descubrí que eso no era verdad"*. Entonces el amigo le dijo: *"Mejor que no te casaste con un ángel, porque los ángeles siempre usan la misma ropa, pasan todo el día volando y tienen un solo sexo"*. Debemos entender que cuando nos casamos, lo hacemos con personas, no con ángeles, con seres que tienen debilidades, defectos y que es nuestra responsabilidad aprender a vivir con ellos.

*"Usted motivará a su esposo a cambiar si tiene paciencia para esperar. Recuerde siempre que aunque su esposo desee trabajar en sus defectos y hacerlo sinceramente, es muy difícil realizar cambios súbitamente"*.

## Exprese sus sentimientos con sabiduría

No necesita esconder sus sentimientos, es mejor demostrar sus emociones en la relación con su esposo, solo que debe hacerlo con equilibrio y sin dramatismo. Expresar sus preocupaciones, admitir su frustración, comunicar sus sentimientos de decepción no es malo, lo dañino es expresarlos de una forma equivocada.

Cuando esté preocupada, se sienta molesta, esté triste o decepcionada, busque el momento oportuno, hable con claridad, muéstrese honesta y hable con tacto. Hágalo amigablemente.

Trate de demostrar empatía con su esposo. Empatía es la habilidad de identificarse con los sentimientos de la otra persona. Hable con sinceridad. Muestre preocupación genuina por la situación, pero no cambie su actitud ni su deseo de frenar y detener las acciones y actitudes que le han herido, pero sin responder erróneamente.

Recuerde que lo que lleva dentro saldrá a la luz. Si está molesta, triste, decepcionada, usted lo mostrará de alguna manera aunque lo intente esconder, por eso es mejor elegir la forma sabia como dará a conocer sus sentimientos.

No piense que mostrar las emociones es fácil, pero es peor vivir siempre tratando de esconderlas. Tampoco crea que hacer visible sus emociones le garantiza que será comprendida, pero si le asegura que está haciendo lo correcto. Cuando uno no se siente bien debe confesarlo, cuando se está molesto debe comunicarlo, cuando lo comunica debe hacerlo con sinceridad y aunque la respuesta sea errónea, debe responder con sabiduría y tranquilidad. Esa respuesta no le asegura que será comprendida, pero si que tiene la respuesta debida.

*"La esposa herida o molesta, debe expresar sus sentimientos con apertura y honestidad, pero no debe dejarse dominar por las emociones. Ella debe responder con la actitud apropiada, aunque no reciba la respuesta que esperaba, pues solo actuando con sabiduría experimentará la paz que tanto anhelaba".*

## Evite utilizar el ataque

La peor estrategia que una mujer puede utilizar es tener la tendencia a atacar pues de esa manera nunca motivará a su esposo a cambiar. Por supuesto que cuando su esposo actúa mal necesita una seria confrontación, pero los ataques son armas de destrucción. Es cierto que a veces él se vuelve irritante y provocador, pero la alegría o tristeza que usted experimente, no se deberá al error de su esposo o a su mala actuación, sino a su sabia o necia reacción.

Usted puede ayudar a su esposo hablando con sinceridad, pero con firmeza cuando es apropiado, diciendo palabras suaves y bien pensadas o palabras fuertes y duramente expresadas, pero siempre con la intención de confrontar el problema nunca con el deseo de atacar a la persona. Evite agredir a su cónyuge, más bien ataque al problema que él provocó. Usted tiene derecho a enfadarse y demostrarlo, pero no debe hacer algo malo o destructivo como producto del enojo, porque cuando reacciona pecaminosamente, con quien le atacó, usted no es muy diferente.

Evite hablar cuando está muy enojada y no puede tener control de sí misma. Nunca encontrará una buena solución en su reacción motivada por el enojo descontrolado y su frustración. Cuando usted utiliza ataques a la dignidad de la otra persona, insulto, maltrato, amenazas, gritos y palabras irritantes, no motiva a mejorar la relación, sino que está preparando el terreno para empeorar la situación.

Evite las palabras "siempre" y "nunca" pues ellas muestran actitudes y comentarios extremos que atacan la verdad. Ninguna persona nunca habla, nunca se calla, siempre grita, siempre insulta, siempre molesta, siempre pelea, nunca apoya. Más bien esos comentarios siempre son extremos que nunca deben utilizarse.

*"Evite hablar cuando esté muy enojada y no puede tener control de sí misma, pues nunca encontrará una buena solución si reacciona en forma inapropiada como producto de su frustración. Nunca debe agredir al cónyuge, pero siempre debe atacar al problema que fue provocado por él".*

## Nunca deje de perdonar

El perdón es la mejor manera de procesar el dolor, la molestia, los traumas, las heridas que pueden provocar las fallas, pecados y errores de los cónyuges. Los problemas que destruyen nuestra vida, no son los que nos crean los demás, sino los que creamos nosotros por nuestra errónea reacción frente a los problemas que nos provocan los demás.

Todos nos equivocamos alguna vez y en algún momento necesitamos que nos perdonen. El perdón es clave en la vida matrimonial. No se equivoque, el tiempo no borra las cosas, lo que sana las heridas y borra los traumas, es el perdón que otorgamos cuando nuestro cónyuge lo pide arrepentido e incluso cuando perdonamos y el cónyuge no se ha dado por aludido. Cuando perdonamos a quienes nos han ofendido aunque ellos no se hayan arrepentido, somos nosotros los que evitamos llenarnos de amargura y resentimiento.

Existen esposas llenas de resentimiento pues no pueden perdonar los errores de sus esposos. Por supuesto que cuando hablo de perdón, también tengo que hablar del arrepentimiento. No se puede convivir saludablemente con alguien que persiste en cometer los mismos errores y pecados y ni siquiera reconocerlos y mucho menos arrepentirse, pero se puede vivir saludablemente cuando actuamos en obediencia a Dios así de parte de nuestro cónyuge no exista arrepentimiento.

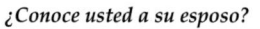

*"Los problemas que destruyen nuestra vida, no son aquellos que nos crean los demás, sino los que creamos por nuestra errónea reacción frente a los problemas generados por otros".*

# ... CONCLUSIÓN ...

*"Usted terminará decepcionada si su meta es cambiar a su esposo. El objetivo debe ser su cambio personal. Pero usted cumplirá su función como esposa cuando su conducta sabia lo motive a cambiar. Si usted cambia y vive en obediencia y él no cambia y elige la desobediencia, ya sabe quien tendrá contentamiento por someterse a Dios y sus mandamientos".*

## ...Conclusión...

Espero que al llegar al final de este libro haya entendido algunas cosas que son esenciales para vivir saludablemente.

Primero, que usted no es responsable ni tiene la capacidad de cambiar a su marido. Por favor, por su bien y el de su marido, deje de intentarlo, permita que su marido sea lo que Dios quiere.

Segundo, que usted no puede amar bien a quien conoce mal. Por favor, por el bien de ambos, haga todo esfuerzo por conocerlo y comprender como Dios lo creó, y amarlo a pesar de las diferencias.

Tercero, decida someterse a Dios, Él tiene una historia perfecta, nunca se ha equivocado. Cuando Él dice que ninguna palabra corrompida salga de su boca, habla en serio y le irá bien si le obedece. Al advertir que la blanda respuesta quita la ira, ha probado la formula y sabe que funciona. Al mencionar que respete a su esposo, aunque él no la ame, sabe que ha prometido bendiciones a los obedientes y que usted recibirá bendiciones por someterse a Él y sus indicaciones.

Cuando Dios dice que el que se humilla será ensalzado, así será, aunque en el momento usted crea que ganó el que más peleó, discutió y nunca se calló. Cuando Dios dice que no se ponga el sol sobre su enojo, Él le está ordenando que confronte el problema y no guarde el enojo por varios días para dar lugar a que su marido sea herido y cambie, pues lo que logrará es que el diablo actúe astutamente y le motive a usted o a su marido a pecar. Cuando Dios dice que debe perdonar, no tiene mejor opción que hacerlo.

Si en estos días ha tenido problemas con su marido, acérquese, pídale perdón o bríndelo así evitara la destrucción de su matrimonio. Recuerde que está casada con un pecador, acepte sus defectos y confronte con sabiduría y afecto, exalte sus virtudes con claridad y exprese su gratitud con regularidad.

Usted ha descubierto que el hombre es un paquete de sorpresas. Desde la ternura puede llegar a la más terrible violencia. De la preocupación genuina por su esposa puede irse al extremo de los celos enfermizos y destructivos. Un hombre sin formación y sin desarrollo sabio hacia la madurez es un serio peligro, pero una mujer con las mismas características aumenta la posibilidad de que su matrimonio se convierta en un fracaso.

Cuando una sociedad tiene un buen liderazgo de hombres íntegros que establecen los fundamentos de su familia en altos valores morales, la nación es fuerte y estable. Cuando los hombres no tienen razón para ocupar sus energías en luchar por tener hogares saludables, el resultado es impredecible. Muchos hombres sienten que no tienen razón para seguir luchando cuando tienen una esposa que actúa neciamente, responde groseramente y vive manipulando, controlando y criticando.

## Conclusión

La falta de propósito en la vida de un hombre, el vacío existencial puede llevarle a depresiones continuas, al abuso de alcohol y drogas y no existe hombre que se sienta más fracasado que aquel que tiene una esposa que actúa con violencia, ignorancia y necedad.

No existe varón que realice más grande contribución a la sociedad que aquel que disfruta de su vida familiar, siente el apoyo eficiente, la exhortación sabia, el cariño constante, y el agradecimiento recurrente, de una mujer que ha determinado vivir para la gloria de Dios, con una actitud de obediencia a su Creador y dispuesta a cumplir el propósito de su creación y apoyar a su esposo para que pueda también cumplirlo.

No espere relaciones perfectas, no existen los hombres perfectos. Debido a que fuimos creados para el Edén, no para vivir en un mundo caído, anhelamos las relaciones perfectas y la vida ideal. Nuestra realidad y experiencia diaria, así como los errores que nosotros cometemos nos obligan a pensar en nuestra imperfección, pero no lo suficiente como para aceptar las fallas y pecaminosidad de los que nos rodean. Cuando digo aceptar, no estoy motivando a consentir lo malo, sino la realidad y admitir nuestra responsabilidad de lidiar con el bien el mal que tenemos y nos rodea. En nuestras vivencias experimentamos un poquito de la perfección cuando tenemos experiencias hermosas.

Cuando usted ve a su niño recién nacido y saludable, tiene que pensar en la maravilla de la concepción y nacimiento. Cuando se enamora y experimenta sensaciones extraordinarias de ternura y afecto, usted sabe que el amor es una experiencia que perfecciona. Pero todo es momentáneo y disfrutamos de esos instantes de perfección que coexisten con el pecado y las fallas.

Cuando los cónyuges maduros aprenden a aceptar el bien y el mal y se preparan para lidiar con ambos, están capacitados para aceptar la realidad y saber como vencer los obstáculos que les impiden relacionarse saludablemente.
Las relaciones entre marido y mujer son como correr una carrera de vallas, los dos corredores deben prepararse para saltarlas. Ellas no están puestas allí para amargarles la vida, ni para impedirles llegar a la meta. Las vallas están ubicadas estratégicamente para sacar lo mejor de los atletas. Pero tal como los corredores necesitan una seria y consistente preparación para cumplir su objetivo, así también necesita prepararse la pareja.

Con una buena preparación, una fuerte determinación, y el trabajo diario, vamos fortaleciendo los músculos que nos dan resistencia, vamos obteniendo la elasticidad y agilidad que nos permite saltar y la potencia que nos permite avanzar y tener la necesaria resistencia para llegar a la meta: TENER UNA RELACIÓN CONYUGAL CARACTERIZADA POR LA EXCELENCIA.

*"Es obligación de cada esposa amorosa, hacer todo esfuerzo por conocer al hombre que ha elegido para compartir toda su vida. Es imprescindible que estudie y comprenda como Dios lo diseñó para que ella no se convierta en un obstáculo para su realización, sino que al actuar con sabiduría, tacto y prudencia, sea un instrumento para que él viva comprometido con la excelencia.*

*La esposa que quiere amar a su cónyuge como Dios desea, debe primero conocerlo bien, pues nadie puede amar bien, a quien conoce mal".*